Silke Schönrade / Raya Limbach

# Die Abenteuer der kleinen Hexe im Buchstabenland

## Ein psychomotorischer Zugang zum Lernen von A-Z

*Silke Schönrade / Raya Limbach*

# Die Abenteuer der kleinen Hexe im Buchstabenland

## Ein psychomotorischer Zugang zum Lernen von A-Z

borgmann

© 2005 BORGMANN MEDIA borgmann publishing KG
Hohe Straße 39 • D-44139 Dortmund

Gesamtherstellung: Löer Druck GmbH, Dortmund
Titelbild / Illustrationen: Raya Limbach
Fotos: Silke Schönrade und Raya Limbach

Bestell-Nr. 8336 ISBN 3-86145-276-6

# Inhalt

B

# Vorwort

Der Titel des Buches stellt eine Verknüpfung dar zu der Veröffentlichung „Die Abenteuer der kleinen Hexe“ (Schönrade/Pütz $^{4}$2004).

Dieses Beobachtungsverfahren für 4-8-jährige Kinder hat sich als ein förderdiagnostisches Instrumentarium mittlerweile in Kindergärten, Grund- und Sonderschulen, in der Physiotherapie sowie bei Kolleginnen und Kollegen in heilpädagogischen und motopädischen Tätigkeitsfeldern etabliert. Doch im Grund- und Sonderschulbereich kam immer wieder die Frage auf: „Wie geht es jetzt weiter? Was fange ich im Unterricht mit meinen Beobachtungsergebnissen der Kinder an? Und vor allem, welche Beobachtungsmerkmale können eine Einschränkung für die Voraussetzungen zum Erwerb der Kulturtechniken darstellen und was kann ich in meinem Unterricht verändern?“

Einen psychomotorischen Zugang zum Lernen von A-Z will dieses Buch aufzeigen. Einbettet in den Stundenplan, als zusätzliches Förderangebot für Kinder mit Lernschwierigkeiten oder als ganzheitliches Lernen mit allen Sinnen im Klassenraum und in der Turnhalle, wird dem Leser ein Fundus an zahlreichen Praxisideen vorgestellt.

Die Autorinnen haben sich auch in diesem Buch für Märchen entschieden, die als Struktur und „roter Faden“ dienen. Darüber hinaus sollen sie Spielanregung für Kinder sein. Märchen verankern bekanntlich didaktische Grundsätze und beinhalten Elemente wie Bildhaftigkeit, Beweglichkeit, Abwechslungsreichtum der Handlung sowie magische Bestandteile. Diese können sich positiv, vor allem in Kombination mit Sachthemen, auf Motivation und Konzentration auswirken.

Unser größter Wunsch ist es, dass Sie genau soviel Spaß beim Erarbeiten, Reflektieren und Durchführen „Der Abenteuer der kleinen Hexe im Buchstabenland“ haben, wie wir es selbst beim Entwickeln hatten!

*Januar 2005* *Silke Schönrade / Raya Limbach*

# Einleitung

Die Entstehung zu diesem Buch ist aus der Praxis entstanden. In diesem Falle aus der psychomotorischen Praxis.
Kindheit hat sich verändert – das ist allen Kolleginnen und Kollegen, die im pädagogischen Alltag mit Kindern tätig sind, nicht neu. Auch die Summe der Faktoren die dazu beiträgt, dass das „Kind sein" immer schwieriger wird, muss an dieser Stelle nicht erwähnt werden. Zahlreiche Veröffentlichungen, Fachtagungen und Kongresse beschreiben diesen Zustand. Vielfältige Antworten, facettenreiche Ideen, ein Fundus von Wissen wird landesweit an immer mehr Erzieherinnen sowie Lehrerinnen von Grund- und Sonderschulen vermittelt. Auch Eltern melden sich zu Wort. Wie kann mein Kind immer mehr und immer früher lernen? Lesen, Schreiben, Rechnen, Sprache etc. Die Tagespresse berichtet meist wöchentlich von neuen politischen Schulentscheidungen. Oder von Grund- und Sonderschulmodellen, die in Projektversuchen mehr Bewegung ins Lernen bringen wollen. Auch wächst die Zahl der Einrichtungen von Kindergärten und Kindertagesstätten, deren Schwerpunkt des pädagogischen Konzeptes der psychomotorische Ansatz ist. Dieser setzt sich nicht nur im Bewegungsbereich, sondern häufig auch in der gesamten Gestaltung des Außen- und Innenbereiches durch.

Viele Kolleginnen der Grund- und Sonderschulen nehmen täglich ein kostbares Paket mit viel Wissen und neuen Ideen aus Fort- und Weiterbildungen sowie aus Veröffentlichungen mit in den Schulalltag. Doch allzu oft bleibt der Inhalt davon im Flur zurück, außerhalb des Klassenraumes. Aber dort findet der Alltag statt, in allen Facetten. Es bedarf viel Engagement der Kolleginnen und Kollegen, um neue Wege zu beschreiten. Diese Wege sind elementar, zeigen Kinder doch heute zunehmend Schwierigkeiten, unsere Kulturtechniken zu erwerben.

Die elementaren Voraussetzungen wie Wortverständnis, Sprachvorstellung, Abstraktionsvermögen, Konzentration, Lateralität, Rhythmisierung, Raum-Lage-Orientierung, Form-Konstanz-Wahrnehmung, Selbsteinschätzung, Sozialverhalten, Körperkoordination stellen wesentliche Bausteine für das Lernen dar. Nach Jean Ayres (1984) „ist Lernen eine Funktion des gesamten Nervensystems, die in enger Beziehung zu den Faktoren Sprache, Motorik, Kognition, Emotion und Soziabilität stehen."

Diese Voraussetzungen bringen viele Kinder nicht mehr mit. Sie haben Schwierigkeiten mit ihrem Körper, und es fällt ihnen schwer, einen Schulvormittag lang am Tisch zu sitzen. Ihr Muskeltonus kann die zum Sitzen notwendige Spannung nicht halten. Das Stifthalten bereitet den Schülern Schwierigkeiten. Defizite in der Feinmotorik, Kraftdosierung und Lateralität machen den Umgang beim Schreiben mühsam, der Pinzettengriff wird von immer weniger Erstklässlern beherrscht. Das „an die Tafel sehen" setzt voraus, dass Kopfkontrolle, Gleichgewichtsverlagerung, Raumorientierung, Augenmuskelkontrolle ausgebildet sind. Wahrnehmung, Aufmerksamkeit und Gedächtnisfähigkeit sind weitere elementare Grundlagen für einen Zugang zum Erwerb unserer Kulturtechniken.

Ratlosigkeit macht sich landesweit breit. Und das nicht erst seit Pisa.

„Wenn Lernen mit positiven Emotionen verbunden wird, also Freude bereitet, dann ist das Gelernte besser erinnerbar. Und kann kreativ eingesetzt werden" (Manfred Spitzer; 2002).

Die Idee zu diesem Buch ist aus langjähriger Praxiserfahrung entstanden. Über die Fantasiewelt des Kindes anhand von Märchen wird ein roter Faden durch das Sachkundegebiet über Tiere bzw. Tiereigenschaften so gesponnen, dass dabei gleichzeitig das Alphabet von A-Z erlernt wird. Der psychomotorische Zugang ist dabei Dreh- und Angelpunkt aller vorgestellten Praxisbeispiele. Diese geben neue Impulse für den Schulalltag, die teilweise auch im Sportunterricht mit einbezogen werden können. Sie sollen einen Perspektivenwechsel zum Lernen eröffnen.

Der Inhalt des Buches ist so strukturiert, dass eine praxisnahe Anwendung im pädagogischen Alltag möglich ist. So werden beispielsweise spezielle Tiereigenschaften auf den dazu gehörenden Anlaut umgesetzt und im psychomotorischen Bereich neu erfahren. Das Erlernen eines Buchstabens integriert die folgenden Bereiche: Fantasiewelt – Märchen, Sachkunde – Tierwelt/Tiereigenschaft, Psychomotorik – spezielle Wahrnehmungs- und Bewegungserfahrungen. Es ist vorgesehen, dass diese Bereiche auch unabhängig voneinander für den Unterricht genutzt werden können. Die Praxisbeispiele für jeden Buchstaben sind auf das entsprechende Tier oder die Fantasiefigur zugeschnitten. Diese können jedoch problemlos auch auf andere Buchstaben übertragen werden. So ergibt sich eine Fülle von psychomotorischen Praxisideen für den Schulalltag, die vorwiegend im Klassenraum, aber auch im Flur, auf dem Schulhof oder in der Turnhalle durchführbar sind.

Das Material, das benötigt wird, ist meist vorhanden. Dinge, die anzufertigen sind, sollen mit den Kindern hergestellt werden. Das ist Inhalt der Praxisidee.

Zu jedem Buchstaben wird ein Märchen erzählt, in dem drei spezielle Tiereigenschaften den Kindern vorgestellt werden, bzw. die diese miterleben und selbst erfahren. Die jungen Hexen und Zauberlehrlinge werden von der Oberhexe durch das Buchstabenland begleitet, angespornt und ermutigt. So meistern sie Hindernisse und bewältigen Abenteuer.

Der Aufbau des Buches ist so konzipiert, dass sich der Zugang dieser Art des Buchstabenlernens sehr praxisnah gestalten lässt. Unter Berücksichtigung der unterschiedlichen Bedürfnisse und Lernvoraussetzungen der Kinder kann „Lernen mit positiven Emotionen verbunden werden“.

In diesem Sinne wünschen wir allen Kolleginnen und Kollegen viel Mut, Spaß und ein gutes Gelingen!

# Erklärung und Beschreibung von Begriffen, die im Buch verwendet werden

- **Auditive Figur-Grund-Wahrnehmung**

Die Fähigkeit, relevante Geräusche von Nebengeräuschen zu unterscheiden.

- **Auditive Wahrnehmung**

Die Aufnahme von akustischen Reizen über das Hörorgan und die Verarbeitung im zentralen Nervensystem in Form von Speicherung, Auswahl, Differenzierung, Analyse und Synthese. Voraussetzung für die Entwicklung der Sprache und der Schriftsprache ist ein gesundes Gehör und eine gut funktionierende auditive Wahrnehmung. Das Hörorgan liegt im Mittel- und Innenohrbereich in räumlicher Nähe zum Gleichgewichtsorgan. Schon im Mutterleib nehmen Kinder Geräusche und Töne wahr, die sie nach der Geburt zunehmend differenzieren.

- **Auditive Diskrimination**

Ähnlichkeiten und Unterschiede zwischen Sprachlauten erkennen und unterscheiden.

- **Auditives Gedächtnis**

Akustische Informationen, die nacheinander eintreffen, im auditiven Kurzzeitgedächtnis speichern und wieder abrufen. Dazu gehören z.B. Wörter, Zahlenreihen, mehrsilbige Sätze, Klatschrhythmus etc.

- **Auge-Hand-Koordination**

Voraussetzung dafür, dass Tätigkeiten wie Bauen mit Bausteinen, Ballfangen, Schreiben etc. koordiniert ablaufen können, ist das Zusammenspiel von Sehen und Bewegen des Körpers im Raum.

- **Augenmuskelkontrolle**

Durch das koordinierte und enge Zusammenspiel der visuellen und kinästhetischen Wahrnehmung erhält das vestibuläre System seine Komplexität. Kontrolle der Hals- und Nackenmuskulatur sind dadurch möglich und gewährleisten eine stabile Aufrechthaltung des Kopfes. Die Kontrolle der Augenbewegung wird dadurch möglich, da ein stabiles Gesichtsfeld Voraussetzung dafür ist. Dies ist wichtig für das Lesen lernen, um einen Text Zeile für Zeile zu verfolgen.

**Bilateralintegration**

Koordiniertes Zusammenspiel beider Körperhälften.

**Formwahrnehmung**

Das Zusammenspiel von taktiler und visueller Wahrnehmung unterstützt das gezielte Greifen nach Gegenständen und trägt somit zu einer entscheidenden Entwicklung für die Formwahrnehmung und Formunterscheidung bei. Symbole, Buchstaben und Zahlen werden erlernt in enger Verknüpfung mit der taktil-kinästhetischen Wahrnehmung.

**Handlungsplanung**

Die Grundlagen für motorische Planung werden über Informationen aus dem kinästhetischen System gebildet und sind für den koordinierten und harmonisch fließenden Ablauf von Bewegungen beteiligt. Das gilt gleichermaßen für grob- und feinmotorische Bewegungsabläufe.

**Kinästhetische Wahrnehmung**

Das Kinästhetische System (Propriozeption) gibt Rückmeldung über den Spannungszustand des Bewegungs- und Stützapparates. Es besteht ein Zusammenspiel von Muskeln, Sehnen und Gelenken. Die entsprechenden Propriozeptoren geben Informationen über die Lageveränderungen der Gelenke, die Positionen der einzelnen Körperteile, die Veränderung der Körperhaltung und vermittelt Lage- und Bewegungsempfindungen. Zusammen mit der taktilen und vestibulären Wahrnehmung trägt sie zur Entwicklung des Körperschemas bei. Ohne diese Information wüssten wir beispielsweise nicht, wo sich die einzelnen Körperteile in diesem Moment befinden. Sie entwickelt sich bereits im Mutterleib und hat nach der Geburt wesentlichen Anteil bei der Aufrichtung des Kindes gegen die Schwerkraft. Hals- und Nackenmuskeln geben dem Kind Informationen über die Stellung des Kopfes zum Körper und über den Raum.

**Körperschema**

Die Sinneseindrücke, die der Mensch von seinem eigenen Körper hat, befähigen ihn, eine Beziehung zwischen seinen Körperteilen und zu deren Bewegungsmöglichkeiten herzustellen. Wahrnehmen und Empfinden des Körpers, Vorstellung vom Körper, Orientierung am Körper und das Wissen um den Körper bilden das Körperschema.

**Kraftdosierung**

Der koordinierte und adäquate Einsatz der Muskelkraft und der dazu gehörenden Gelenke und Sehnen wird über Information und Verarbeitung des propriozeptiven und taktilen Wahrnehmungssystems gesteuert.

**Lateralität**

Seitigkeit, die bevorzugt bei der Verarbeitung bestimmter Prozesse beteiligt ist.

**Olfaktorische Wahrnehmung**

Die Fähigkeit, unterschiedliche Düfte zu riechen, zu erkennen und zuzuordnen.

**Pinzettengriff**

Die feinmotorische Fähigkeit, kleine Gegenstände wie beispielsweise Perlen, Münzen etc. zwischen Daumen und Zeigefinger aufzunehmen.

**Präferenzdominanz**

Der überwiegend spontane Gebrauch eines Körperteils wie Hände, Arme, Beine, Füße, Augen, Ohren.

**Propriozeptive Wahrnehmung**

Siehe kinästhetische Wahrnehmung

**Raumorientierung**

Durch das koordinierte Zusammenspiel von visueller Wahrnehmung der Lage im Raum, der räumlichen Beziehung einzelner wesentlicher Punkte im Raum zueinander und das Wiedererkennen bekannter Strukturen im Gedächtnis ermöglicht eine Orientierung des Körpers im Raum. Dabei ist die Bewegungsvorerfahrung und ein ausgebildetes Körperbewusstsein grundlegend.

**Taktile Wahrnehmung**

In unterschiedlichen Hautschichten befinden sich die sensorischen Rezeptoren, die auf Berührung, Druck, Oberflächenbeschaffenheit, Temperatur, Zug und Vibration reagieren. Beim Menschen ist es das am meisten ausgedehnte sensorische System. Es ist bereits vor der Geburt entwickelt und hat eine wichtige Funktion für die nervale Entwicklung. Über das Empfinden von Tasteindrücken wird eine zunehmende Fähigkeit entwickelt, diese zu differenzieren. Über die taktile Wahrnehmung erhält das Kind auch Informationen über Proportionen, Maße und geometrische Formen von Materialien und Gegenständen. Darüber hinaus stellt die Haut ein wesentliches Medium der Kontaktaufnahme und Kommunikationsfähigkeit dar. Wichtige Bausteine für die psychisch-emotionale Entwicklung wie Zärtlichkeit, Vertrauen, Geborgenheit und Wärme werden über die taktile Wahrnehmung erfahren.

- **Taktil-kinästhetische Wahrnehmung**

Das taktile und kinästhetische Wahrnehmungssystem arbeiten eng zusammen. Über das Zusammenspiel erhält das Kind beispielsweise Informationen über die Lage und Haltung seiner Finger, und kann so Formen diskriminieren. Beim Erlernen von Buchstaben ist das eine Grundvoraussetzung für die Fähigkeit, schriftliche Symbole in Form motorischer Handlungsabläufe aus dem Gedächtnis abzurufen.

- **Vestibuläre Wahrnehmung**

Das vestibuläre System ist die Grundlage für Haltung, Bewegung und Körperschema. Die Rezeptoren, die sich im Vestibulärapparat des Innenohres befinden, reagieren auf Schwerkraft und Fliehkräfte. Vor allem durch die Veränderungen der Bewegungen des Körpers im Raum, wie Geschwindigkeits- und Richtungsveränderungen sowie Körperbeschleunigungen, wird die Raum-Lage-Orientierung ermöglicht. Das Vestibulärsystem entwickelt sich zwischen dem 2. und 7. Schwangerschaftsmonat, und wird durch Fremdbewegungen der Mutter und durch Eigenbewegungen stimuliert. Schon vor der Geburt ist die Verarbeitungsfähigkeit der vestibulären Reize vorhanden und gilt als Voraussetzung für eine „normale“ Bewegungsentwicklung. Die Komplexität des Gleichgewichtsorgans ergibt sich aus dem Zusammenspiel mit der visuellen und kinästhetischen Wahrnehmung.

- **Visuelle Figur-Grund-Wahrnehmung**

Relevante visuelle Eindrücke von unwichtigen unterscheiden können.

- **Visuelles Gedächtnis**

Optische Eindrücke wahrzunehmen, zu verarbeiten und nach einer bestimmten Zeit abzurufen, wird als visuelle Gedächtnisfähigkeit oder Merkfähigkeit bezeichnet.

## Visuelle Wahrnehmung

Optische Reize aufzunehmen, zu unterscheiden, einzuordnen, zu interpretieren, mit früheren Erfahrungen zu verbinden und dann zu reagieren ist Aufgabe der visuellen Wahrnehmung. Sie entwickelt sich durch die differenzierte Koordination der Augenbewegungen im Zusammenspiel mit der vestibulären und kinästhetischen Wahrnehmung. Das visuelle System ist das höchst entwickelte Sinnessystem des Menschen. Ein Kind kann Gegenstände erst dann fixieren und scharf sehen, wenn Kopf, Rumpf und Augen stabil gehalten werden können.

## Visuelles Operieren

Optische Eindrücke aufnehmen, diese verarbeiten und adäquat darauf reagieren.

# Übersicht: Förderschwerpunkte / Spielideen

**Kinästhetische Wahrnehmung**



**Körperschema**



**Körperorientierung**



**Kraftdosierung**



**Lateralität**

**Sprachverständnis**



**Taktile Wahrnehmung**



**Taktil-kinästhetische Wahrnehmung**



**Vestibuläre Wahrnehmung**

**Visuelle Figur-Grund-Wahrnehmung**



**Visuelles Gedächtnis**



**Visuelle Wahrnehmung**



**Wortschatzerweiterung**

K
R
A B D S
L I U C Y H
Z
E R
X F
N

# „Die Abenteuer der kleinen Hexe im Buchstabenland“

*„Es begab sich in einer Neumondnacht,*
*drei Glockenschläge nach Mitternacht.“*

Die kleinen Hexen und Zauberlehrlinge hatten bereits die erste Reifeprüfung bestanden. Als Lob überreichte die Oberhexe ihnen ihren eigenen Zauberstab. Doch die jungen Hexen und Zauberlehrlinge wussten nicht so recht, was sie mit ihm wohl anfangen sollten. Zwar wirbelten sie den Zauberstab durch die Luft, murmelten dabei die gelernten Hexen- und Zaubersprüche – doch nichts tat sich! Hilflos versuchten sie immer wieder, es der Oberhexe gleich zu tun. – Nichts geschah! Bis diese sie anschmunzelte und mit fester Stimme zu ihnen sprach: „Ein Zauberstab und ein paar magische Sprüche machen noch keine Hexerei. Seht euch mal euren Zauberstab genau an: Er muss noch aufgeladen werden. Das könnt ihr nur selber tun. Geht hinaus ins Tierreich, in Dschungel, Steppe, Gebirge und Savanne, selbst das Feenreich erwartet euch schon lange. Jede bestandene Aufgabe steigert die Zauberkraft. Teilt ihr das Wissen und die Kraft der Tiere, so seid ihr befähigt, den Zauberstab mit magischen Sprüchen zu belegen. Nach und nach schenkt der Zauberstab euch seinen Gehorsam.“

„Wie gelangen wir denn ins Tierreich?“, wollten die jungen Prüflinge wissen.
Die Oberhexe trat einen Schritt zurück, breitete ihre Arme aus und beschwor die dunkle Nacht.
„Zauber – Zauber – Zauberstab,
Tiere sind oft flink und stark.
Suchen Nahrung in Baumkronen,
viele tapsen auf dem Boden.
Willst du treten ein,
musst du wie ein Tier gleich sein!“

Schwungvoll wirbelte die Oberhexe herum und zeichnete mit ihrem Zauberstab etwas in den mit Blättern bedeckten Waldboden: Die jungen Hexen und Zauberlehrlinge starrten gebannt dort hin. Sie sahen ein großes „A“!

In dem Moment, in dem sie den Buchstaben erblickten, schlossen sich ihre Augen. Mit geschlossenen Augen sahen sie, wie sich direkt vor ihnen ein Affe von Baum zu Baum hangelte. Dann war er wieder verschwunden. Ihre Augenlider öffneten sich.
Sie konnten beobachten, wie die Oberhexe mit ihrem Zauberstab den Buchstaben auf dem Waldboden verwischte. Dabei sprach sie folgende Worte:
„Willst du treten aus,
mach' dem Buchstaben den Garaus!"
Dann blickte die Oberhexe freundlich zu ihren Schützlingen und sagte:
„Auch im Tierreich gibt es Wesen von Schatten und Licht.
Begegnet euch ein solches Wesen,
haltet inne und befragt eure geschulten Sinne."

Ein letztes Mal blickte die Oberhexe ihnen tief in die Augen. Dann hob sie ihren Zauberstab und rief:
„Die Zeit ist reif, ihr müsst nun geh'n."
Die jungen Hexen und Zauberlehrlinge wussten, was zu tun war.

Nachdem sich die Hexen- und Zauberprüflinge in kleine Gruppen aufgeteilt hatten, nahm eine junge Hexe beherzt ihren Zauberstab zur Hand. Langsam, aber mit Nachdruck fuhr sie mit dem Zauberstab über den Waldboden. Sie führte den Zauberstab von links unten in schräger Richtung nach rechts oben, um dann wieder nach schräg unten rechts abzufallen. Das Gebilde vor ihren Augen sah aus wie das Gerüst eines Indianerzeltes. In die Mitte dieses Gerüstes setzte die junge Hexe einen verbindenden Strich. Der Großbuchstabe „A" lag gut leserlich vor ihnen.
Schon zog es sie hinein – hinein ins Tierreich.

A

# A – Affe

Vor uns liegt ein dichter Urwald. Der Weg zum Ziel liegt in der Richtung Nord, Nord-Ost. Geht ihn mit Mut und unbeirrt. Erinnert euch an die Worte der Oberhexe.

Noch etwas scheu und unentschlossen steht ihr mitten im Urwald. Ihr lauscht den ungewohnten Stimmen des Dschungels. Von allen Richtungen dringen fremde Laute an euer Ohr. Doch zum Fürchten ist keine Zeit. Ihr müsst die Affen suchen! In all diesem Stimmengewirr ist auch Affengebrüll zu hören. Irgendwo, nicht weit von hier, muss sich eine Affenherde aufhalten. **Hört genau hin! Aus welcher Richtung kommt das Affengebrüll?** Euer Ohr gewöhnt sich allmählich an die Urwaldlaute. Ihr könnt das Affengebrüll nun deutlich von den anderen Stimmen unterscheiden. Geht vorsichtig in dessen Richtung.

Endlich erblickt ihr die Affenhorde, die sich wild und spielerisch von einem Baum zum anderen hangelt. Das Affengebrüll durchdringt den Dschungel. Fasziniert schaut ihr den Affen zu. Plötzlich bemerkt einer von euch: „Oh Gott, wir befinden uns auf sumpfigem Boden. Was sollen wir tun? Wir müssen ihn überqueren, der Kompass zeigt es genau an."

Langsam merkt ihr alle, dass ihr mehr und mehr im Boden einsinkt. Kurz bevor ihr kniehoch im Sumpfe steckt, kommt die Einsicht. **„Wir müssen es den Affen gleich tun. Wir müssen uns an den Ästen entlang hangeln. Wir dürfen den Boden nicht mehr berühren."**

Die Affen freuen sich. Sie glauben, in euch neue Spielgefährten gefunden zu haben. Mit lautem Affengebrüll und wilden Gebärden fordern sie euch auf, Bananen zu pflücken. Doch ihr könnt es den Affen nicht nachmachen. Die Bananen hängen zu hoch. Der Hunger plagt euch sehr. Wie gerne hättet ihr jetzt in eine nahrhafte Banane gebissen. Das Affengebrüll wird lauter. Zwischen zwei Affen ist ein Streit ausgebrochen. Einer der Affen bricht einen Zweig ab und schlägt damit nach seinem Gegenüber. Dabei fletscht er drohend sein Gebiss. **Ein verlängerter Arm – natürlich! So kommen wir an die Bananen heran. Beobachtet die Situation gut. Es gelingt euch, Bananen zu angeln.** Der erste Hunger wird gestillt.

Der Weg durch den Dschungel führt euch zu einer Lichtung. Dort ist mit Zweigen der Großbuchstabe „A" dargestellt. Ihr betrachtet euren Zauberstab. An der untersten Spitze des Zauberstabes leuchtet ein kleines Licht auf. Die erste Prüfung ist bestanden. Der Großbuchstabe „A" kann weg gewischt werden.

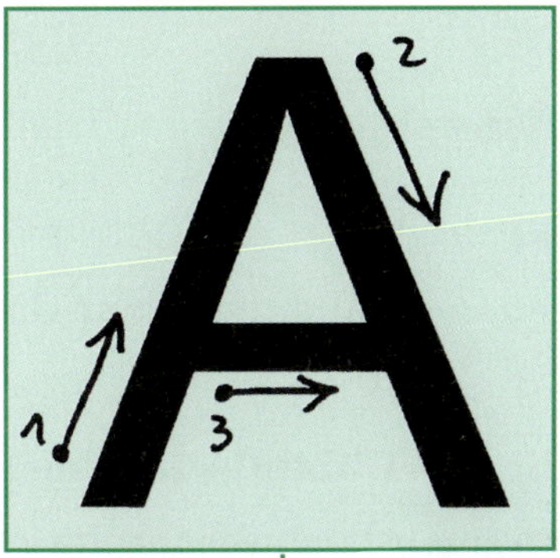

**„Stimmengewirr“**
*Aus verschiedenen Geräuschen das gerufene „A“ heraus hören*

**„Hangelei“**
*Balancieren oder Hangeln über Stühle, Turnbänke*

**„Verlängerter Arm“**
*Mit einem Gegenstand in der Hand etwas angeln*

## „Stimmengewirr“

... Hört genau hin! Aus welcher Richtung kommt das Affengebrüll?...

### Förderschwerpunkt

✔ Auditive Wahrnehmung / Auditive Figur-Grund-Wahrnehmung
✔ Richtungshören

### Aufgabenbeschreibung / Didaktische Umsetzung

Drei Kinder erzeugen aus verschiedenen Richtungen (ca. 4-5 Meter) im Raum mit Klanggeräten ein Geräusch. Ein viertes Kind ruft das „A“. Zuerst werden alle vier Geräusche einzeln vorgestellt. Dann soll ein weiteres Kind mit verbundenen Augen das „A“ aus allen anderen heraus hören und in diese Richtung zeigen bzw. sich darauf zu bewegen.

**Variation für höhere Lernstufe:** Es werden ausschließlich verschiedene Anlaute gerufen, aus denen das Kind den richtigen Buchstaben heraus hören soll.

### Material

- 3 verschiedene Klanggeräte
- Augenbinde

# „Hangelei“

… Wir müssen es den Affen gleich tun. Wir müssen uns an den Ästen entlang hangeln. Wir dürfen den Boden nicht mehr berühren …

**Förderschwerpunkt**

✔ Vestibuläre Wahrnehmung
✔ Propriozeptive Wahrnehmung
✔ Raumorientierung
✔ Bewegungsplanung

**Aufgabenbeschreibung / Didaktische Umsetzung**

Die Kinder stellen die Stühle in Form des Buchstaben A. Sie bewegen sich so über die Stühle, dass sie dabei die Stuhllehnen anfassen und sich darüber entlang hangeln.

**Variation für die Turnhalle:** Drei Turnbänke (evtl. umgedreht) so aufstellen, dass sich ein „A“ daraus ergibt. Darüber balancieren. *Erhöhter Schwierigkeitsgrad:* Gymnastikstäbe unter die umgedrehten Bänke legen, ein dickes Seil über Kopfhöhe spannen, so dass die Kinder sich zum „Hangeln“ daran festhalten können. Damit die Bänke nicht unkontrolliert weg rollen können, am Ende jeweils mit einem kleinen Kasten oder einer Matte sichern.

**Material**

- Stühle

**Für die Turnhalle**

- Turnbänke
- Taue, dicke Seile
- evtl. Gymnastikstäbe

## „Verlängerter Arm“

... Ein verlängerter Arm – natürlich! So kommen wir an die Bananen heran. Beobachtet die Situation gut. Es gelingt euch, Bananen zu angeln ...

**Förderschwerpunkt**

- ✔ Auge-Hand-Koordination
- ✔ Lateralität
- ✔ Präferenzdominanz / Pinzettengriff
- ✔ Kinästhetische Wahrnehmung / Kraftdosierung

**Aufgabenbeschreibung / Didaktische Umsetzung**

Mit Seilen oder Wollfäden wird der Buchstabe „A“ gespannt, indem die Kinder Tisch- und Stuhlbeine o.ä. zum Befestigen benutzen. Daran werden eine Vielzahl von A- Papierbuchstaben mit Wäscheklammern befestigt. Diese haben die Kinder vorher angefertigt. Dann erhalten die Kinder einen kleinen Beutel mit Holzwäscheklammern, die die Kinder vorher mit einem „A“ beschriftet haben. Sie bewegen sich nun innerhalb des „A-Spinnennetzes“ und versuchen ihre Wäscheklammern an die Papierbuchstaben zu heften.

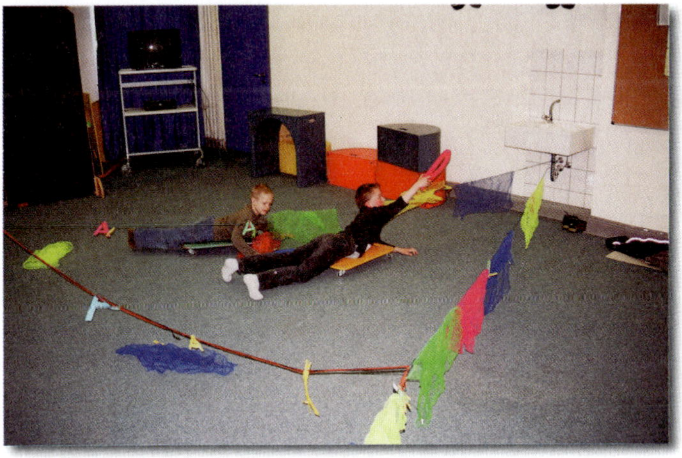

**Variation für die Turnhalle:** Mit Seilen wird das „A" gespannt. Darüber werden Chiffontücher gehängt (ohne Verknoten), die die Kinder mit Heulrohren abschlagen sollen. Dabei können die Kinder sich sitzend oder liegend auf einem Rollbrett fort bewegen.

### Material

- Seile, Wollfäden
- Papier- oder Pappbuchstaben, Wäscheklammern
- Holzwäscheklammern, Filzstift

### Für die Turnhalle

- Seile
- Chiffontücher
- Heulrohre
- Rollbretter

# B

# B – Bär

Zufrieden stand nun wieder die Oberhexe vor den jungen Hexen und Zauberlehrlingen. „Gut gemacht! Ihr seht, es ist gar nicht so schwer. Selbst die Akkus eures Zauberstabes sind nicht mehr leer. Ruht euch nun aus und geht erneut ins Tierreich hinaus.

Ihr steht direkt vor einer Bärenhöhle. Doch es ist weder ein Bär zu sehen noch zu hören. Mutig schleicht ihr in die Bärenhöhle hinein. Dort ist es ganz dunkel. So sehr ihr eure Augen auch anstrengt, ihr könnt nichts erkennen. **Mit vorsichtig tastenden Händen erkundet ihr das Dunkle in der Höhle.**

Plötzlich horcht ihr auf! Dicht am Eingang der Höhle hört ihr scharrende Geräusche. Hastig tastet ihr euch zurück ins Freie. Beruhigt entdeckt ihr ein Bärenjunges, das vor der Bärenhöhle herumtollt. Als es die jungen Hexen und Zauberlehrlinge erblickt, schreckt es ängstlich zurück. Ein Zauberlehrling flüstert den anderen zu: „**Wir dürfen uns nicht mehr bewegen. Am besten legen wir uns alle in Bauchlage auf den Boden und sind ganz still.** So erkennt das Bärenjunge, dass es sich vor uns nicht fürchten muss." Und tatsächlich – das Bärenjunge nähert sich. Zaghaft stupst es die am Boden Liegenden mit seiner Nase an. **Schließlich legt es sogar seine tapsigen Tatzen auf die Rücken der jungen Hexen und Zauberlehrlinge.** Die Annäherung ist geglückt.

Anschließend versteckt ihr euch, denn ihr wollt die Bärenmutter nicht reizen. Sie muss jeden Moment auftauchen. Und da seht ihr auch schon Frau Braunbär. Freudig rennt das Bärenjunge zu ihr. Sie leckt ihm zärtlich die Schnauze und trottet dann mit ihm gemächlich Richtung Fluss weiter. Die jungen Hexen und Zauberlehrlinge folgen den beiden unauffällig. Verspielt springt das Bärenjunge am Flussufer herum. **Während die Bärin in den Stromschnellen des Flusses steht, fängt sie geschickt und flink mit ihren beiden Tatzen die herum springenden Lachse.** Auch ihr verspürt Hunger und macht es der Bärin nach.

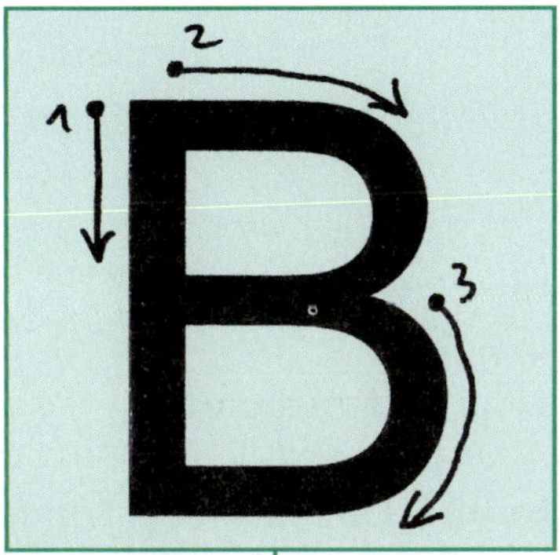

**„Bärenhöhle"**
*Buchstaben ertasten*

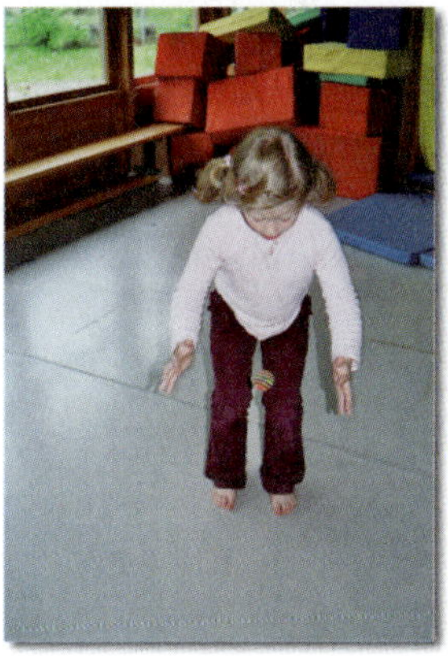

**„Lachse fangen"**
*Tischtennisbälle / Flummis fangen*

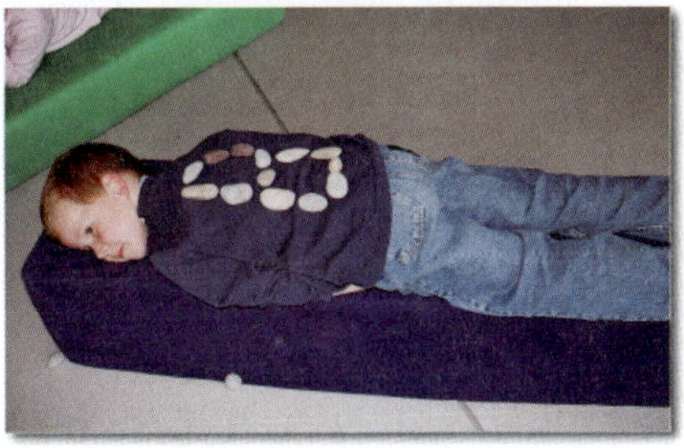

**„Stein-Entspannung"**
*Rücken mit Steinen belegen*

## „Bärenhöhle“

... Mit vorsichtig tastenden Händen erkundet ihr das Dunkle in der Höhle ...

### Förderschwerpunkt

✔ Taktile Wahrnehmung
✔ Taktil-Kinästhetische Wahrnehmung

### Aufgabenbeschreibung / Didaktische Umsetzung

Die Kinder bauen aus Stühlen, Tischen o.ä. eine Höhle. Darin werden verschiedene Buchstaben aus Holz, Moosgummi, Schaumstoff, Pappe etc. verteilt. Die Kinder tasten mit ihren Händen und suchen die „B-Buchstaben“ heraus.

**Variation:** Die Kinder suchen unter verschiedenen Gegenständen den „B-Buchstaben“ heraus. Das ist einfacher!

### Material

- Stühle, Tische
- Decken, Tücher
- Buchstaben aus unterschiedlichem Material, evtl. Alltagsgegenstände

## „Stein-Entspannung“

… Wir dürfen uns nicht mehr bewegen. Am besten legen wir uns alle in Bauchlage auf den Boden und sind ganz still. Schließlich legt es sogar seine tapsigen Tatzen auf die Rücken der jungen Hexen und Zauberlehrlinge …

### Förderschwerpunkt

- ✔ Taktile Wahrnehmung
- ✔ Taktil-Kinästhetische Wahrnehmung
- ✔ Entspannung
- ✔ Sozialerfahrung

### Aufgabenbeschreibung / Didaktische Umsetzung

Partneraufgabe: Kind A legt sich in Bauchlage auf eine Matte, Teppich oder Decke. Kind B legt mit mittelschweren Steinen den Anlaut „B“ auf den Rücken von A. Ist der Buchstabe fertig gelegt, drückt B mit leichtem Druck auf die Steine, so dass A den Druck und die Temperatur der Steine intensiver spürt. Dann nimmt B die Steine ganz langsam, ein Stein nach dem anderen, vom Rücken herunter.
Ruhige Musik kann dazu gespielt werden!

### Material

- Mittelgroße Steine in ausreichender Menge

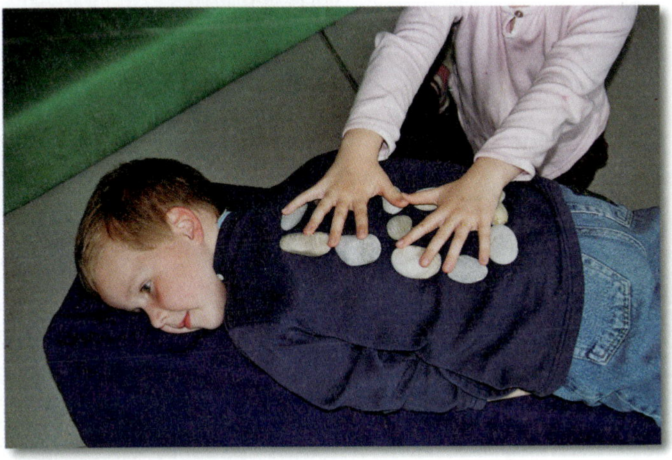

## „Lachse fangen“

... Während die Bärin in den Stromschnellen des Flusses steht, fängt sie geschickt und flink mit ihren beiden Tatzen die herum springenden Lachse ...

### Förderschwerpunkt

- ✔ Auge-Hand-Koordination
- ✔ Bilateralintegration
- ✔ Reaktion
- ✔ Kraftdosierung
- ✔ Körperorientierung

### Aufgabenbeschreibung / Didaktische Umsetzung

Die Kinder erhalten einen Tischtennisball, „Flummi“ oder einen sehr gut prellenden kleinen Ball. Diesen prellen die Kinder so auf den Boden, dass er mit heftigem Antrieb hoch springt. Die Kinder versuchen den Ball immer wieder mit beiden Händen gleichzeitig zu fangen.

**Variation:** Die Kinder beschriften aufgepustete Luftballons mit ganz vielen B-Buchstaben. Diese werden in die Luft geschlagen und mit beiden Händen gleichzeitig gefangen.

### Material

- Tischtennisbälle, Flummis oder Luftballons
- evtl. Filzstift

C

# C – Chamäleon

Nun seid ihr bereits bei dem Buchstaben **C** angelangt. An diesem Ort des Tierreichs befinden sich Chamäleons. Um euch herum wimmelt es nur so von ihnen. Die eigenartigen Echsen tummeln sich in den unterschiedlichsten Farben im Geäst. **Konzentriert versucht ihr in Gedanken, die verschiedenen Baumechsen in den unterschiedlichen Farben zu sortieren.**

Dabei bemerkt ihr, dass die Chamäleons, trotz abweichender Gruppen, einheitliche Merkmale vorweisen. Ihr oft helmförmiger Kopf sitzt auf einem kurzen Hals und die kugelförmig hervor quellenden Augäpfel können unabhängig voneinander bewegt werden. **Die jungen Hexen und Zauberlehrlinge versuchen einer Echse mit den Augen zu folgen, ohne ihren Kopf dabei zu bewegen.**

Weiter beobachtet ihr, dass die Tagtiere öfters die Farbe wechseln. Ihr seht, dass ein friedlich ruhendes Chamäleon sandfarben aussieht. Plötzlich, in einem Erregungszustand, seine Farbe zu Rot wechselt. **Neugierig versucht ihr nun auch, euch gegenseitig unterschiedliche Gefühle zu zeigen, und diese farblich erkenntlich zu machen.** Es gelingt!

Der Buchstabe C wird mit dem Zauberstab verwischt. Wieder leuchtet der Zauberstab kurz auf. Er hat an Zauberkraft gewonnen.

Die Oberhexe stand nun schmunzelnder Weise vor den jungen Hexen und Zauberlehrlingen. Zufrieden deutete sie auf den nächsten Buchstaben. Die jungen Hexen und Zauberlehrlinge mussten an folgende Worte der Oberhexe denken: „Auch im Tierreich gibt es Wesen von Schatten und Licht. Begegnet euch ein solches Wesen, so haltet inne und befragt eure geschulten Sinne.“ Die jungen Prüflinge wussten: als nächstes begegnete ihnen ein Fabelwesen. Kräftig ritzen sie den nächsten Buchstaben in den Waldboden hinein.

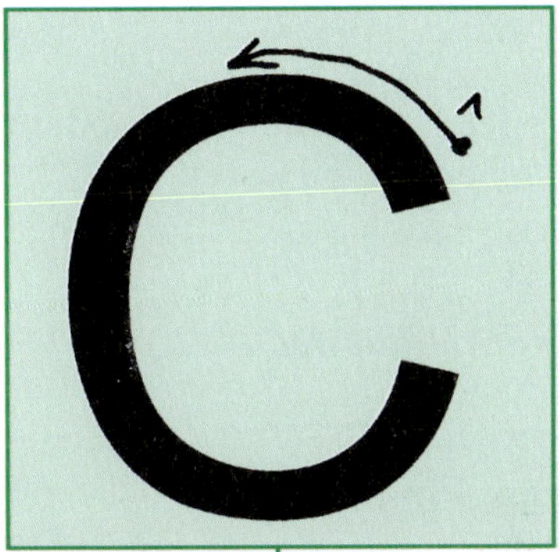

**„Farbenspiel“**
*Farben sortieren*

**„Augenzwinkern“**
*Gegenstand mit den Augen verfolgen*

**„Tücherwunsch“**
*Sich unter ein Tuch hocken und so klein wie möglich machen*

## „Farbenspiel“

... Konzentriert versucht ihr, die verschiedenen Baumechsen in den unterschiedlichen Farben zu sortieren ...

### Förderschwerpunkt

- ✔ Kinästhetische Wahrnehmung
- ✔ Kraftdosierung
- ✔ Lateralität
- ✔ Präferenzdominanz, Pinzettengriff
- ✔ Farbunterscheidung

### Aufgabenbeschreibung / Didaktische Umsetzung

In einem Korb liegen bunte Glassteinchen (Muggelsteine) oder farbig angemalte kleine Kieselsteine (rot, gelb, blau). Daneben sind drei C-Anlaute auf einem Blatt Papier aufgemalt, jeweils in rot, gelb, blau. Die Kinder sortieren die jeweils passenden Steine auf die passende Farbe. Dabei benutzen sie nur eine Hand, die sie frei wählen dürfen. Die Steine werden einzeln gegriffen.

### Material

- Glassteinchen rot, gelb, blau (Muggelsteine oder Glasnuggets), angemalte Kieselsteine
- Papier, Bunt-/Filzstifte in rot, gelb, blau

## „Augenzwinkern"

… Die jungen Hexen und Zauberlehrlinge versuchen einer Echse mit den Augen zu folgen, ohne ihren Kopf dabei zu bewegen …

### Förderschwerpunkt

✔ Augenmuskelkontrolle

### Aufgabenbeschreibung / Didaktische Umsetzung

Dem Kind wird ein kleines Stoff- oder Gummitier (besonders geeignet wäre ein Chamäleon) in einem Abstand von ca. 30 cm vor das Gesicht gehalten. Die Lehrerin malt mit diesem Tier den Buchstaben C so in die Luft, dass er in langsamen Bewegungen vom Kind mit den Augen verfolgt werden kann. Der Kopf soll nicht mit bewegt werden. Diese Übung 3-5 Mal wiederholen. Dabei immer wieder den Buchstaben C von oben beginnen!

### Material

- Stoff- oder Gummitier (Chamäleon)

## „Tücherwunsch“

… Neugierig versucht ihr nun auch, euch gegenseitig unterschiedliche Gefühle zu zeigen, und diese farblich erkenntlich zu machen …

### Förderschwerpunkt

- ✔ Kinästhetische Wahrnehmung / Körperschema
- ✔ Taktile Wahrnehmung

### Aufgabenbeschreibung / Didaktische Umsetzung

Den Kindern werden viele bunte (Chiffon-) Tücher bereit gestellt. Ein Kind darf sich aussuchen, mit welcher Farbe es bedeckt werden soll. Dabei macht es sich so klein wie möglich.

### Material

- Chiffontücher in verschiedenen Farben oder Stoffe

# D

# D – Drache

Es zischt und brodelt um die jungen Hexen und Zauberlehrlinge herum. Heiße Quellen blubbern schlammig. **Umsichtig achtet ihr auf jeden eurer Fußtritte.** Ihr befindet euch nun in einer Gegend, die euch etwas ängstigt. Mitten in dieser unwirklichen Landschaft ragt ein massiver Fels in die Höhe – der Drachenberg. Über euch hinweg breitet sich ein großer Schatten aus, der mit einem donnernden Krachen auf dem Drachenberg Halt findet. Die jungen Hexen und Zauberlehrlinge sehen, wie sich ein rot-grünes, schuppiges Reptil mit seinen scharfen Krallen in den Felsen bohrt. Wuchtig lässt es seine gewaltigen Flügel auf- und niederfallen. „Oh je, wie sollen wir nur diesen aalglatten Felsen hinauf klettern?", fragt eine junge Hexe laut nach. **„Wir müssen richtig zugreifen, seht doch, wie der Drache seine Krallen in den Felsen bohrt,"** antwortet eine andere Hexe.

Der Weg hinauf zum Drachenberg ist mühselig, aber zu bewältigen. Endlich stehen die jungen Hexen und Zauberlehrlinge auf dem Felsplateau des Drachenberges. Wo ist der Drache geblieben? Der Felsen ist wie leergefegt. Ein Zauberlehrling beobachtet fasziniert eine kleine Raupe, die auf einem flachen Stein ruht. Plötzlich sieht die kleine Raupe zu ihm hinüber und fast im gleichen Augenblick verwandelt sie sich grollend in einen Drachen. Die jungen Hexen und Zauberlehrlinge weichen zurück. Aus den Nüstern des Drachen qualmt ihnen heißer Atem entgegen. „Schnell, wir verwandeln uns in Steine," erkennt ein Zauberlehrling die bedrohliche Situation. „Wie das?" „Wir nutzen unsere bereits erlangte Zauberkraft. Der Drache kann zaubern, aber wir auch. Schnell, holt eure Zauberstäbe hervor," ruft er ihnen entgegen.

Gesagt, getan! Der Drache kann euch nicht mehr ausmachen. Zu viele Steine bedecken den Felsen. **Zornig spuckt er seinen heißen Atem in den Wind.** Er breitet seine gewaltigen Flügel aus und gleitet zischend davon.

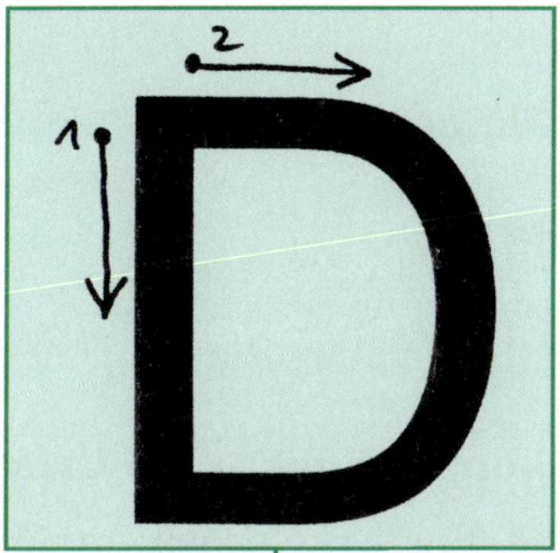

**„Fußtritt“**
*Balancieren über eine Bierdeckelstraße*

**„Heißer Atem“**
*Luftballon in die Luft pusten*

**„Drachenkralle“**
*Mit dem Finger Löcher in Ton/ Knete bohren*

## „Fußtritt“

... Umsichtig achtet ihr auf jeden eurer Fußtritte ...

### Förderschwerpunkt

✔ Vestibuläre Wahrnehmung
✔ Propriozeptive Wahrnehmung/Körperspannung

### Aufgabenbeschreibung / Didaktische Umsetzung

Die Kinder legen mit Bierdeckeln den Anlaut „D“, der ca. 2 Meter groß ist. Zwischen den Deckeln ist jeweils ein kleiner Abstand. Die Kinder bewegen sich Schritt für Schritt vorwärts darüber und achten darauf, dass sie bei jedem Fußtritt auch jeden Bierdeckel treffen.

### Material

- Bierdeckel

## „Drachenkralle“

… „Wir müssen richtig zugreifen, seht doch, wie der Drache seine Krallen in den Felsen bohrt.“ …

**Förderschwerpunkt**

✔ Taktil-Kinästhetische Wahrnehmung
✔ Präferenzdominanz
✔ Kraftdosierung

**Aufgabenbeschreibung / Didaktische Umsetzung**

Die Kinder erhalten einen Klumpen Ton oder Knete. Sie bearbeiten das Material solange, bis sie daraus eine beliebige Form mit glatter Oberfläche geformt haben. Mit einem Finger bohren sie mit kräftigem Druck Löcher in den Ton oder in die Knete, so dass sich daraus der Anlaut D ergibt.

**Variation:** Kinder, die das Material nicht direkt mit dem Finger berühren wollen, können auch einen Holzstiel o.ä. dazu benutzen.

**Material**

- Ton, Knete

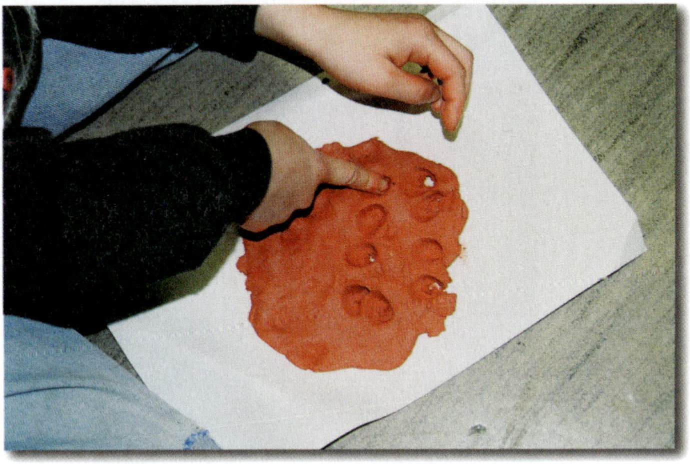

## „Heißer Atem“

... Zornig spuckt er seinen heißen Atem in den Wind ...

### Förderschwerpunkt

- ✔ Taktil-Kinästhetische Wahrnehmung
- ✔ Auge-Hand-Koordination
- ✔ Raumorientierung
- ✔ Körpersteuerung
- ✔ Atmung

### Aufgabenbeschreibung / Didaktische Umsetzung

Die Kinder erhalten einen Luftballon, auf dem sie den Buchstaben D schreiben. Dann versuchen sie mit kräftigem Pusten den Luftballon solange wie möglich in der Luft zu halten.

### Material

- Luftballons
- Filzstifte

# E

# E – Elefant

Die Oberhexe war beeindruckt. Ihre Schützlinge machten ihre Sache gut. So sprach sie zu den jungen Hexen und Zauberlehrlingen:
„Ihr Lieben habt Acht,
die erste Schwierigkeitsstufe ist vollbracht.
Geht nun weiter mit Mut und Geschick
und offenem Blick.“

Die großen Landsäugetiere gehen gerade ihrer Lieblingsbeschäftigung nach, als die jungen Hexen und Zauberlehrlinge eintreffen. Die Elefanten suhlen sich ausgiebig in einem Schlamm-Wasserbad. Die jungen Hexen und Zauberlehrlinge sind bereits von vielen Moskitostichen geplagt. Ihre frei liegende Haut scheint die Moskitos regelrecht einzuladen. Gerade beobachtet ihr, wie sich die großen Elefantenbullen im Schlamm wälzen, als euch eine Idee kommt. Auch eure empfindliche Haut muss geschützt werden.
**Ihr bedeckt die freiliegenden Stellen eures Körpers mit einer dicken Schlammschicht.**

Geschützt vor den stechenden Plagegeistern, wollt ihr euch nun Nahrung besorgen. Auch einige Elefanten haben sich einen Baum gesucht und gelangen mittels ihres Rüssels an das Blätterwerk. Ihre verlängerte Nase dient ihnen vorzüglich als Greiforgan. **Die jungen Hexen und Zauberlehrlinge erreichen mit ausgestreckten Armen und greifenden Händen ebenfalls einige Früchte.**

Nach der Nahrungsaufnahme trotten die Rüsseltiere, für ihr Gewicht recht leise, wieder zu ihrer Herde zurück. Langsam reihen die Elefanten sich ein und bewegen sich ausdauernd auf ihren säulenartigen, massiven Beinen voran. **Erstaunlich ist, dass sie hintereinander gleich gut vorwärts wie rückwärts schreiten.** Auch ihr müsst nun weiter gehen, der Kompass zeigt euch die Richtung an. In der Gemeinschaft müsst ihr den Weg ins Feenreich erreichen.

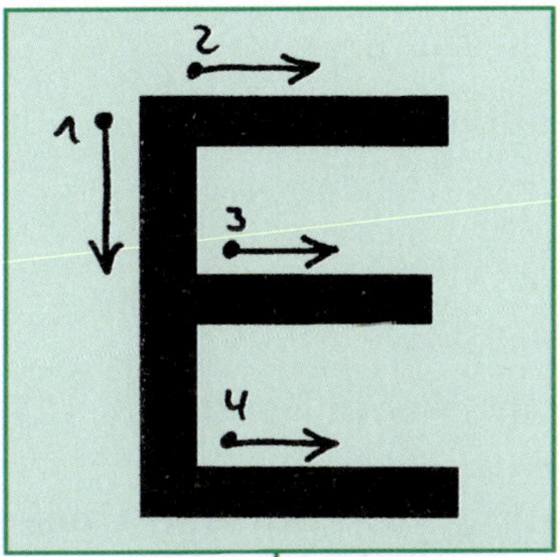


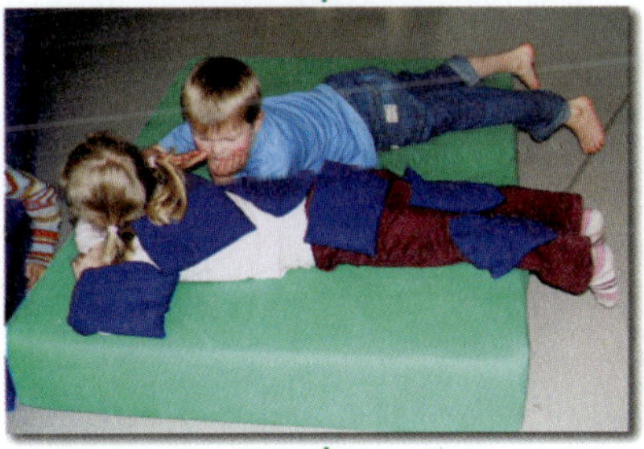

**„Moskitostiche“**

*Körperstellen mit Sandsäckchen belegen*

**„Elefantenrüssel“**

*Mit ausgestreckten Armen ein „E“ malen.*

**„Riesengroß“**

*Riesengroßes „E“ aus unterschiedlichen Materialien legen*

## „Moskitostiche“

... Ihr bedeckt die freiliegenden Stellen eures Körpers mit einer dikken Schlammschicht ...

### Förderschwerpunkt

- ✔ Körperschema
- ✔ Taktil-Kinästhetische Wahrnehmung

### Aufgabenbeschreibung / Didaktische Umsetzung

Partneraufgabe: Kind A liegt in Bauch- oder Rückenlage auf dem Boden. Es benennt Kind B die Stellen seines Körpers, die von „Moskitos“ gestochen wurden. Kind B belegt diese Stellen mit Sandsäckchen. Kind A bleibt liegen, und versucht diese Stellen zu spüren. Dann rollt es sich ganz langsam zur Seite, so dass die Sandsäckchen vom Körper fallen.

### Material

- Sandsäckchen, Bohnensäckchen o.ä.

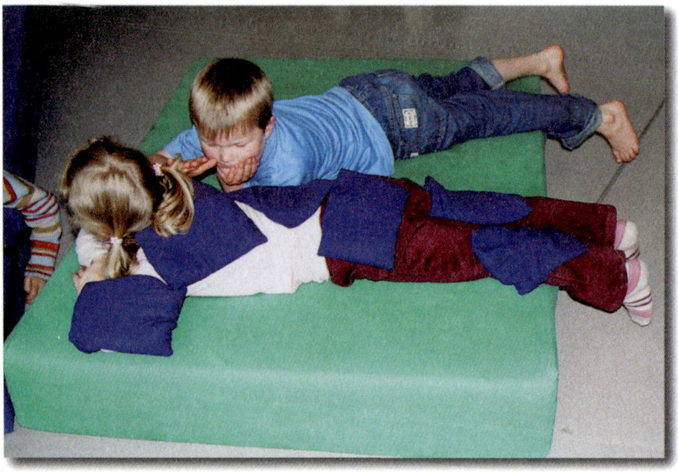

## „Elefantenrüssel“

... Die jungen Hexen und Zauberlehrlinge erreichen mit ausgestreckten Armen und greifenden Händen ebenfalls einige Früchte ...

### Förderschwerpunkt

- ✔ Taktile Wahrnehmung
- ✔ Lateralität
- ✔ Bilateralintegration
- ✔ Propriozeptive Wahrnehmung / Körperschema

### Aufgabenbeschreibung / Didaktische Umsetzung

Die Kinder stehen vor der Tafel oder vor einem großen Stück einer Tapetenrolle, das an der Wand befestigt ist. Die Kinder strecken beide Arme aus und führen diese so vor den Körper, dass sich beide Hände vor der Körpermitte berühren. Mit ausgestreckten Armen versuchen die Kinder mit Kreide oder einem dicken Stift den Anlaut „E“ auf die Tafel oder das Tapetenpapier zu malen (evtl. den Buchstaben vormalen). Es können mehrere Buchstaben übereinander gemalt werden.

### Material

- Tafel, Tapetenrolle
- Tafelkreide, Wachsmalkreide oder dicker Stift

## „Riesengroß“

... Erstaunlich ist, dass sie hintereinander gleich gut vorwärts wie rückwärts schreiten ...

### Förderschwerpunkt

- ✔ Handlungsplanung
- ✔ Auge-Hand-Koordination
- ✔ Materialerfahrung
- ✔ Vestibuläre Wahrnehmung
- ✔ Propriozeptive Wahrnehmung

### Aufgabenbeschreibung / Didaktische Umsetzung

Den Kindern werden unterschiedliche Materialien zur Verfügung gestellt. Ein großer Raum, Turnhalle oder der Flurbereich eignen sich besonders gut. Aus Sandsäckchen, Seilchen, Teppichfliesen, Tüchern u.ä. legen die Kinder ein riesengroßes E auf den Boden. Diese „Erlebnisbahn“ gehen die Kinder erst mit offenen und später mit geschlossenen Augen. Dabei werden sie auf Wunsch von einem anderen Kind an der Hand geführt.

### Material

- Verschiedene Materialien wie Sandsäckchen, Seile, Tücher, Teppichfliesen, Bierdeckel, Zeitungen u.ä.

F

# F – Fee

Von Fern hört ihr bereits eine liebliche Musik erklingen. Beschwingt folgt ihr diesem Klang. Euer Weg führt vorbei an einer wilden Vegetation. Blüten voller Vielfalt und Zartheit umgeben euch. Ganz tief fühlt ihr euch mit der Erde verbunden. Da, auf einer Lichtung entdeckt ihr sie: die wunderschön anzusehenden Feen tanzen fröhlich im Reigen. **Immer wieder geht's im Kreis herum**. Dabei singen sie leise:

„Heile die Erde, die Erde heilt dich,
heilende Kreise umfassen sich.
Hier wirst du ganz – **hier beginnt der Tanz.**“

Die jungen Hexen und Zauberlehrlinge treten näher. Blütenduft berauscht euch. Melisse, Salbei, Feldblumen, Efeu und vierblättriger Klee blühen um euch herum. Blaue Rosensträucher verströmen ihren lieblichen Duft. Kolibris zwitschern fröhlich durch die warme Sommerluft. Ein Feenraunen geht durch den Kreis. Es ist, als würdet ihr eine andere Welt betreten. Alles wirkt strahlend und hell. **Ihr seht nun alles mit anderen Augen.** Viel bunter, viel lebendiger.

Die Feen spinnen einen Lichtfaden um sich herum. Verzaubert beobachtet ihr diese hellen, luftigen Wesen.
Sie sind klein, zierlich und voller Anmut und Schönheit. In ihren lichten Gewändern **hüpfen sie federleicht von einer Blüte zur anderen.** Wie kleine Kraftzentren verankern sie ein schimmerndes Licht in Flora und Fauna. Kranke Pflanzen gesunden und verletzte Tiere werden geheilt. Die jungen Hexen und Zauberlehrlinge sind von einem Lichtreich umgeben. Die Feen verzaubern sie mit ihren sanften Lichtströmen. Um dann, auf ihre leise Weise, zu verschwinden.

Es bleibt ein Himmel voll glitzerndem Sternenstaub zurück.

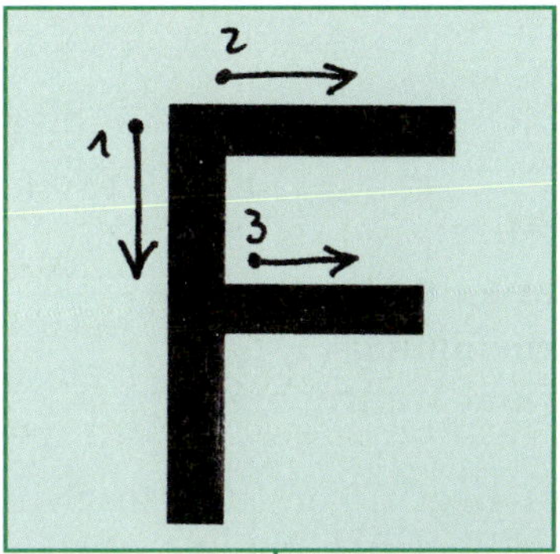

**„Feen-Tanz“**

*Auf Varussell oder Kreisel drehen, Bilder benennen und Anlaut erkennen*

**„Wunderwelten“**

*Durch ein Prisma oder Fernglas schauen und beschreiben, was sie sehen*

**„Federleicht“**

*Eine Feder durch eine „F-Straße“ pusten*

## „Feentanz“

... Immer wieder geht’s im Kreis herum – hier beginnt der Tanz ...

### Förderschwerpunkt

- ✔ Taktil-Kinästhetische Wahrnehmung
- ✔ Vestibuläre Wahrnehmung
- ✔ Visuelle-Figur-Grund-Wahrnehmung
- ✔ Körperschema
- ✔ Zuordnung Anlaut-Begriff/Vorstufe zur Synthese
- ✔ Sprachverständnis/Begriffsbildung

### Aufgabenbeschreibung / Didaktische Umsetzung

Um ein Varussell/Kreisel sind verschiedene Bildkarten angeordnet. Die Abbildungen zeigen den Kindern bekannte Gegenstände, Tiere u.ä., die mit unterschiedlichen Anlauten beginnen. Die Kinder sollen nun den passenden Bildern den Anlaut F zuordnen. Aus einer bereit gestellten Schachtel nehmen sie sich bei Bedarf den Buchstaben heraus, und ordnen ihn zu.

**Variation:** Je nach Lernstufe können die Kinder auch jedem Bild den entsprechenden Anlaut zuordnen. Die Auswahl der Bildkarten kann immer wieder variiert und so individuell ausgesucht werden.

### Material

- Varussell, alternativ Therapiekreisel
- Bildkarten mit Alltagsgegenständen, Tieren u.ä.
- Kärtchen mit dem Anlaut „F“ oder Holzbuchstaben

## „Wunderwelten“

… Ihr seht nun alles mit anderen Augen …

### Förderschwerpunkt

- ✔ Visuelle Wahrnehmung
- ✔ Raumorientierung

### Aufgabenbeschreibung / Didaktische Umsetzung

Durch den Blick eines Fernglases, einer Papprolle, eines Prismas etc. sollen die Kinder in ihrer Umgebung Gegenstände anschauen, diese benennen und versuchen zu beschreiben.

### Material

- Fernglas, Papprolle, Prisma

# „Federleicht“

... Federleicht hüpfen sie von einer Blüte zur anderen ...

## Förderschwerpunkt

- ✔ Kinästhetische Wahrnehmung/Handlungsplanung
- ✔ Visuelle Wahrnehmung
- ✔ Raumorientierung
- ✔ Atmung
- ✔ Kraftdosierung

## Aufgabenbeschreibung / Didaktische Umsetzung

Die Kinder legen mit einem Zollstock, Seilchen, Tau die Umrisse des Anlautes „F“ auf den Boden. Die Kinder pusten dann eine Feder diese Straße entlang, ohne dass die Feder die Begrenzung verlässt.

## Material

- Zollstock, Seilchen, Tau
- bunte Federn

# G

# G – Giraffe

Die Grillen zirpen, während die jungen Hexen und Zauberlehrlinge weiter ihrem Kompass folgen. Nord-Nord-Ost! Welches Tier mögen sie wohl nun antreffen ?
Der Tiername wird mit folgenden Worten aus der arabischen Sprache übersetzt: „Einer der schnell geht," gibt die Oberhexe euch als Hinweis mit auf den Weg.
Ihr erreicht eine Baumsteppe. Dort erblickt ihr das Tier an einem Baum weidend. Die langbeinige Giraffe steht in ihrer vollen Größe vor euch. Kein Wunder, dass sie mit ihren überlangen Beinen große Schritte verrichten kann. **Auch ihr schöpft nun die gesamte Länge eurer Beine aus, um einen geschützten Beobachtungsposten zu beziehen.**

Die Langhälse gruppieren sich um einige Bäume herum. Eine Giraffe beobachtet aufmerksam die Steppe, während die anderen Langhälse sich an dem Laub und den Zweigen der Bäume zu schaffen machen. Dies fällt ihnen mit ihrem ungewöhnlich langen Hals nicht schwer. Nur eine Giraffe versucht zu grasen. **Dabei spreizt sie ihre langen Beine beidseitig ab, um überhaupt an das saftige Gras zu gelangen**. Warum die Giraffen selten grasen, stellen die jungen Hexen und Zauberlehrlinge fest, als sie diese Spreizstellung selbst ausprobieren. Ihr müsst die Beine weit seitwärts abspreizen, um mit eurem Gesicht den Boden zu erreichen. Es ist ziemlich anstrengend. Zudem ist es eine äußerst unsichere Position. Ihr fühlt euch recht angreifbar. Ihr wisst nun, warum eine Giraffe immer die Steppe im Auge behält. Sie wacht über die anderen Tiere ihrer Großfamilie.

Ein Zauberlehrling muss plötzlich Husten. Und schon sind die Huftiere mit dem braun-weiß-gemusterten Fell in heller Aufregung. In einem gestelzten Trabergalopp rennen die Giraffen nervös davon. **Ihr versucht den langbeinigen Langhälsen zu folgen, doch bei ihrem Tempo könnt ihr nicht mithalten.**

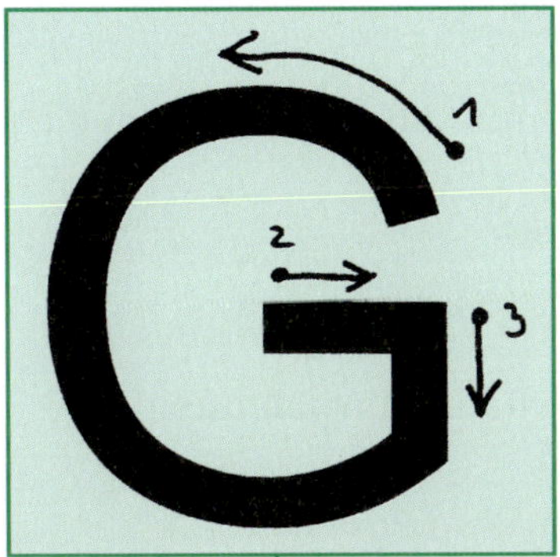

**„Spitzengang“**
*Auf Zehenspitzen Wäscheklammern von einem Seil ziehen*

**„Verbeugung“**
*Mit gespreizten Beinen den Körper nach vorne beugen.*

**„Auf die Schnelle“**
*Über Hindernisse laufen*

## „Spitzengang“

... Auch ihr schöpft nun die gesamte Länge eurer Beine aus ...

### Förderschwerpunkt

- ✔ Körperspannung, Körperschema
- ✔ Gleichgewicht
- ✔ Visuelle Figur-Grund-Wahrnehmung
- ✔ Kraftdosierung

### Aufgabenbeschreibung / Didaktische Umsetzung

Ein Seil mit Wäscheklammern wird so hoch gehängt, dass die Kinder nur auf Zehenspitzen die Klammern erreichen. Diese sind jeweils mit Anlauten beschriftet. Die Kinder sollen die Wäscheklammern von dem Seil abziehen, die mit dem Buchstaben G beschriftet sind. Es ist darauf zu achten, dass die Buchstaben deutlich zu erkennen sind.

### Material

- Seil
- Holzwäscheklammern, Filzstift

## „Verbeugung“

... Dabei spreizt sie ihre langen Beine beidseitig ab, um überhaupt an das saftige Gras zu gelangen ...

**Förderschwerpunkt**

✔ Kinästhetische Wahrnehmung / Körperspannung
✔ Vestibuläre Wahrnehmung

**Aufgabenbeschreibung / Didaktische Umsetzung**

Mehrere Kinder stehen nebeneinander mit gespreizten Beinen. Sie beugen sich nach vorne und versuchen sich mit den Händen auf dem Boden abzustützen. So entsteht eine Gasse, die von einem anderen Kind durchkrabbelt werden soll.

**Material**

- Ohne Material

## „Auf die Schnelle“

... Ihr versucht den langbeinigen Langhälsen zu folgen, doch bei ihrem Tempo könnt ihr nicht mithalten ...

**Förderschwerpunkt**

- ✔ Propriozeptive Wahrnehmung / Körperspannung
- ✔ Bewegungssteuerung
- ✔ Vestibuläre Wahrnehmung
- ✔ Raumorientierung
- ✔ Reaktion

**Aufgabenbeschreibung / Didaktische Umsetzung**

Mit Wachsmalstiften, dicken Buntstiften oder Wasserfarben werden große G-Buchstaben gemalt. Danach werden sie ausgeschnitten. Diese Buchstaben werden auf den Boden verteilt. Der Abstand sollte so groß sein, dass die Kinder beim Laufen genügend Platz haben. Die Kinder sollen nun während der Bewegung des „Galopps“ immer wieder über die Papier- oder Pappbuchstaben springen.

**Variation für die Turnhalle:** Musik wird gespielt; bei Musikstopp sollen die Kinder neben einem Buchstaben stehen bleiben.

**Variation:** Es werden große und kleine Buchstaben verteilt, und die Kinder sollen sich dementsprechend ganz klein machen oder lang strecken.

## Material

- festes Papier oder Pappe; Buntstifte, Wachsmalkreide oder Wasserfarben
- evtl. Musik

# H

# H – Hase

Ein Hase hoppelt an euch vorbei. Mit seinen langen Hinterbeinen eilt er voraus. Die jungen Hexen und Zauberlehrlinge folgen dem Hasen zu einem Bachlauf. **Ohne Mühe springt der Einzelgänger mit einem Satz ans andere Ufer. Ihr folgt ihm auf die gleiche Weise. Mit einem Satz setzt ihr hinüber.**

Die jungen Hexen und Zauberlehrlinge schreiten nun durch kniehohe Wiesen. Wo ist „Meister Lampe" hin gehoppelt? Unser Pflanzenfresser ist nicht zu sehen. Gerade, als ihr die Suche bereits aufgeben wollt, ruft eine junge Hexe: „Da, ich sehe seine langen Löffel!" Wachsam lugen zwei große Ohren aus dem hohen Grün heraus. Sie drehen sich unabhängig vom Kopf nach vorne und nach hinten. **Die langen Löffel funktionieren wie Schalltrichter. Deutlich unterscheiden sie gewohnte Geräusche von Gefahr bringenden Lauten.** Aufgeschreckt von den Stimmen der jungen Hexen und Zauberlehrlinge, schnellt der Hase nun auf. Ängstlich ergreift er hakenschlagend die Flucht. Nur noch die Hinterläufe und die Blume, den Schwanz des Hasen, könnt ihr mit euren Augen erkennen.

Den jungen Hexen und Zauberlehrlingen bleibt nichts anderes übrig, als zu warten. Es ist ihnen nun klar, dass sie sich äußerst still verhalten müssen. Sie legen sich ins hohe Gras. Nach einer Weile hoppelt tatsächlich ein Hase heran. Als er sich nähert, hockt er sich auf seine Hinterläufe und streckt seine bewegliche Nase in die Luft. Aufgeregt bewegt sich seine Nasenfalte. Er wittert nichts. Ihr habt den Platz gut ausgewählt. **Die jungen Hexen und Zauberlehrlinge sehen, wie sich der Hase nun auf der Wiese lang streckt. Genüsslich genießt er die wärmende Sonne auf seinem graubraunen Fell.** Die jungen Hexen und Zauberlehrlinge schauen sich schläfrig an. Wo sind sie? Jetzt fällt es ihnen wieder ein: sie sind langgestreckt im hohen Gras eingeschlafen.

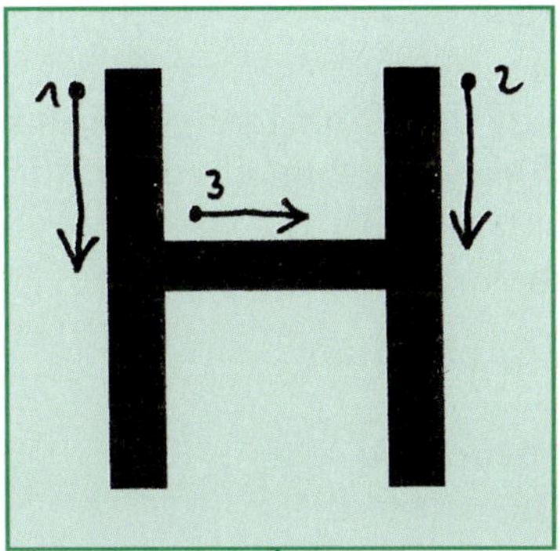

**„Sonnenzeit“**

*Wie ein „H“ legen und den Körper des anderen spüren*

**„Spring ins Feld“**

*Auf ein groß gelegtes „H“ von einer Seite auf die andere springen*

**„Schalltrichter“**

*Verschiedene Geräusche mit Alltagsmaterialien erzeugen und benennen*

## „Spring ins Feld“

… Ohne Mühe springt der Einzelgänger mit einem Satz ans andere Ufer. Da es keinen Steg gibt, folgt ihr ihm auf die gleiche Weise …

### Förderschwerpunkt

- ✔ Propriozeptive Wahrnehmung
- ✔ Körperschema
- ✔ Vestibuläre Wahrnehmung
- ✔ Handlungsplanung
- ✔ Kraftdosierung
- ✔ Raumwahrnehmung

### Aufgabenbeschreibung / Didaktische Umsetzung

Die Kinder legen mit Seilen oder kleben mit Kreppband den Buchstaben „H“ in großem Format auf den Boden. Die linke und rechte Seite des Buchstaben bildet das „Ufer“, die Verbindungslinie ist der „Steg“. Die Kinder versuchen, ein- oder beidbeinig von einer Seite auf die anderen zu springen. Sie können auch über den Steg balancieren.

**Variation für den Schulhof:** Mit Straßenkreide mehrere Buchstaben auf den Boden malen, so dass die ganze Klasse beteiligt ist. Ein Platzwechsel auf ein Signal hin von Buchstabe zu Buchstabe ist möglich.

**Variation für die Turnhalle:** Mit dicken Seilen oder drei Langbänken das „H" legen/stellen. Die Ringe oder die Taue helfen zum überwinden der Uferseite.

### Material

- Kreppband, Seilchen
- Straßenmalkreide

### Turnhalle

- 3 Turnbänke oder 2 Turnbänke und 2 kleine Kästen
- dicke Seile, Tau
- Ringe, Taue

## „Schalltrichter“

... Die langen Löffel funktionieren wie Schalltrichter. Deutlich unterscheiden sie gewohnte Geräusche von Gefahr bringenden Lauten ...

### Förderschwerpunkt

- ✔ Auditive Wahrnehmung
- ✔ Auditives Gedächtnis
- ✔ Auditive Wahrnehmungskonstanz
- ✔ Sozialerfahrung / Vertrauen
- ✔ Sprachverständnis / Begriffsbildung

### Aufgabenbeschreibung / Didaktische Umsetzung

Partneraufgabe: Kind A hat die Augen verbunden und hält sich ein Heulrohr an das Ohr. Kind B führt den Partner durch den Klassenraum / Flur und erzeugt am anderen Ende des Heulrohres ein Geräusch, das Kind A erkennen und benennen soll. Z.B. mit Kreide an die Tafel schreiben, gegen die Fensterscheibe klopfen, Stuhl rücken, Schulranzen öffnen, Buch blättern, Lichtschalter an und aus knipsen, u.ä.

**Variation:** Das Kind merkt sich 3-5 Geräusche und benennt sie dann Partner B.

### Material:

- Heulrohr

# „Sonnenzeit“

... Die jungen Hexen und Zauberlehrlinge sehen, wie sich der Hase nun auf der Wiese lang streckt. Er genießt die wärmende Sonne auf seinem graubraunen Fell ...

**Förderschwerpunkt**

- ✔ Taktil-Kinästhetische Wahrnehmung
- ✔ Taktile Wahrnehmung
- ✔ Körperorientierung
- ✔ Entspannung / Atmung
- ✔ Sozialerfahrung

**Aufgabenbeschreibung / Didaktische Umsetzung**

Drei Kinder legen mit ihren Körpern gemeinsam den Buchstaben „H“. Dabei legen sie sich so dicht beieinander, dass sie die Körperwärme und die Atmung der anderen Kinder wahrnehmen.

**Tipp:** Diese Übung kann auch zur Entspannung genutzt werden. Dabei wird ruhige Musik eingespielt, so dass die Kinder motiviert sind, über eine längere Zeit liegen zu bleiben.

**Material:**

- Teppich, Isomatten, Decken
- Evtl. Musik

I

# I – Igel

Dicke Regentropfen fallen erst langsam und dann immer heftiger vom Himmel. Die jungen Hexen und Zauberlehrlinge suchen Unterschlupf in einem dichten Gebüsch. Es dämmert bereits. Etwas raschelt dicht neben euch. Dann hört ihr schmatzende und grunzende Geräusche. **Ihr sucht das Blätterwerk und das Geäst ab. Es bewegt sich etwas zwischen den Zweigen und dem Laub.** Es ist ganz in eurer Nähe.
„Aua, ich habe etwas gefunden! Hier ist der Störenfried," stellt ein Zauberlehrling fest. Gespannt eilt ihr zu ihm hin. Ein Igel befindet sich auf seinem nächtlichen Streifzug.

Durch die Berührung des Zauberlehrlings hat unser Insektenfresser sich schnell in seine Schutzposition zurück gezogen. Er liegt nun zu einer Stachelkugel eingerollt vor den jungen Hexen und Zauberlehrlingen. **Sein Stachelkleid schützt ihn. Fauchende Geräusche zeigen euch an, dass er sich bedroht fühlt.**

„Am Besten ziehen wir uns zurück, sonst gibt er seine Festung nicht auf," bemerkt nun eine junge Hexe richtig. Aus einiger Entfernung beobachtet ihr, wie der nächtliche Jäger seine Abendmahlzeit aus Regenwürmern und Käfern zusammenstellt. Sein ausgeprägter Geruchssinn führt ihn geradewegs zu seiner Nahrung. Unser stacheliger Freund wirkt unersättlich. Immer wieder schnuppert er irgendwelche Insekten auf, um sie zu verzehren. Seine Nase zeigt ihm den Weg. Auch die jungen Hexen und Zauberlehrlinge haben den ganzen Tag noch nichts gegessen. Jetzt, wo ihr den Igel bei seiner Nahrungsaufnahme beobachtet, fällt es euch wieder ein. Euer leerer Magen meldet sich mit einem leisen Knurren. **Ihr macht es dem Igel nach und vertraut auf euren Geruchssinn.** Voller Gier sättigt ihr euren Hunger. Auch der Durst meldet sich. Und die jungen Hexen und Zauberlehrlinge erfahren, dass man sogar Wasser riechen kann.

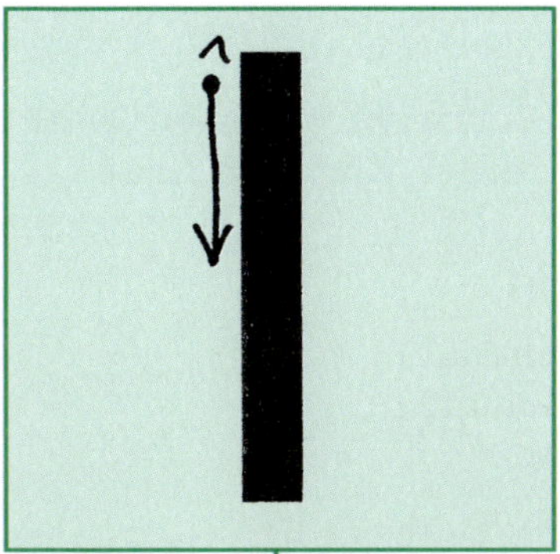

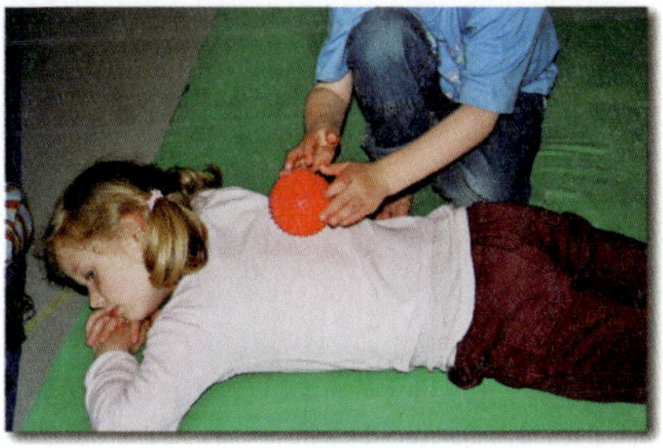

**„Stachelkleid“**

*Rückenmassage mit Igelbällen*

**„Verzweigt“**

*Aus Ästen, Reisig, Stöckchen, Blättern große und kleine „I“-Buchstaben legen*

**„I-gitt“**

*Verschiedene Lebensmittel riechen und benennen können*

## „Verzweigt“

... Ihr sucht das Blätterwerk und das Geäst ab. Es bewegt sich etwas zwischen den Zweigen und dem Laub ...

### Förderschwerpunkt

- ✔ Taktile Wahrnehmung
- ✔ Visuelle Wahrnehmung
- ✔ Materialerfahrung

### Aufgabenbeschreibung / Didaktische Umsetzung

Die Kinder begeben sich auf einen Spaziergang durch den Wald, Park, Schulhof. Dabei sammeln sie verschiedene Naturmaterialien wie Zweige, Blätter, Tannenzapfen, Moos, kleine Steine etc.. Daraus versuchen die Kinder vielfältige „Kunstwerke“ in der Form des Buchstaben „I“ zu legen. Dabei sind der Fantasie keine Grenzen gesetzt.

**Variation als Kunstprojekt:** Aus Naturmaterialien oder Alltagsmaterialien (Kronkorken, Korken, Draht, Blech...) die Buchstaben des Alphabets gestalten und eine kleine Ausstellung dazu präsentieren.

### Material

- Naturmaterialien bzw. Alltagsmaterialien

# „Stachelkleid“

... Sein Stachelkleid schützt ihn. Fauchende Geräusche zeigen euch an, dass er sich bedroht fühlt ...

## Förderschwerpunkt

- ✔ Taktil-Kinästhetische Wahrnehmung
- ✔ Körperschema / Körperorientierung
- ✔ Sozialerfahrung
- ✔ Entspannung

## Aufgabenbeschreibung / Didaktische Umsetzung

Partneraufgabe: Die Kinder liegen in Bauchlage in geschützten Ekken, Nischen, Höhlen und massieren sich gegenseitig den Rücken mit Igelbällen. Durch leises „Fauchen“ signalisieren sie ihrem Partner, was besonders gut tut. Ruhige Musik kann eingespielt werden.

## Material

- Teppich, Isomatten, Decken
- Igelbälle, Noppenbälle
- Evtl. Musik

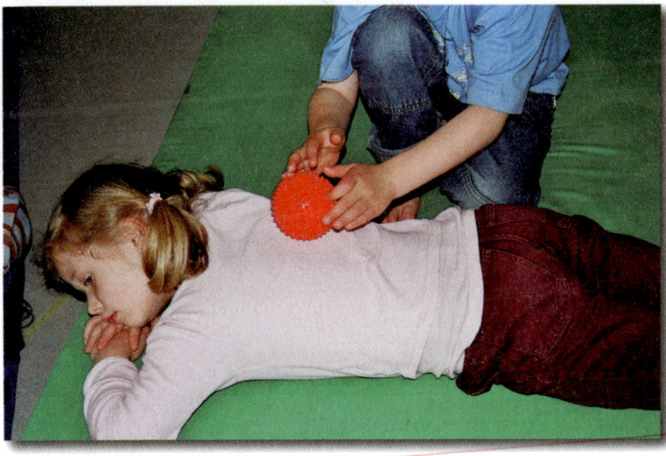

## „I-gitt“

... Ihr macht es dem Igel nach und vertraut eurem Geruchssinn ...

### Förderschwerpunkt

✔ Olfaktorische Wahrnehmung (Riechen)
✔ Wortschatzerweiterung

### Aufgabenbeschreibung / Didaktische Umsetzung

Die Kinder suchen gemeinsam Lebensmittel aus und versuchen diese zu benennen. Dann sollen sie diese mit geschlossenen Augen durch Riechen wieder erkennen.

### Material:

- Verschiedene Lebensmittel, Obst, Gemüse, Süßigkeiten, bekannte Gewürze/Kräuter

# J

# J – Jaguar

Die Oberhexe hob nun einladend ihre Arme und sprach zu den jungen Hexen und Zauberlehrlingen:
„Lernt nun weiter die Kräfte der Tiere kennen,
ihren Weg zu benennen."

Die Sonne sticht. Eine schweißtreibende Hitze herrscht im Dschungel. Die jungen Hexen und Zauberlehrlinge suchen Abkühlung an einem Flussufer. Zum Glück entdeckt ihr ihn noch rechtzeitig – einen Jaguar. **Er hat ein wunderschönes goldbraunes Fell, das von vielen ringförmigen schwarzen Flecken unterbrochen wird.** Er kommt ans Ufer heran geschwommen. Der wahre Schwimmkünstler nähert sich euch auf bedrohliche Weise. Noch rechtzeitig bringen sich die jungen Hexen und Zauberlehrlinge in Sicherheit.

Die Großkatze kommt am Ufer an. Sie schüttelt ihr nasses Fell aus. Glänzende Augen suchen die Gegend ab. Aus dem angrenzenden Busch gesellt sich ein zweiter Jaguar ans Flussufer. Sein kurzes, dichtes Fell ist jedoch schwarz. Die beiden Jäger erblicken sich und schon ist es passiert. Ein heftiger Kampf wird zwischen diesen extremen Einzelgängern entfacht. Zähnefletschend stürzen sie übereinander her. Es gibt nur einen Sieger. Das Ende des Kampfes ertönt durch ein schauerlich anzuhörendes Knacken. Der goldbraune Jaguar hat den Schädel des schwarzen Jaguars mit seinen kräftigen Eckzähnen geknackt. **Anschließend legt er sich gegen den Wind auf die Lauer. Geduldig wartet er auf seine nächste Beute.**

Mit einem einzigen Satz erlegt der Jaguar ein Wildschwein. Die jungen Hexen und Zauberlehrlinge liegen ängstlich, aber gut getarnt unter einem Gebüsch. **Sie sehen weiter, wie dieses Raubtier seine scharfen Krallen an einem Baum wetzt.** Kurz darauf macht der Jaguar einen erneuten Satz. Gekonnt klettert er einen Baum hinauf. Ein recht kräftiger Ast dient ihm zum Mittagsschlaf. Die jungen Hexen und Zauberlehrlinge sind froh, unentdeckt weiter ziehen zu können.

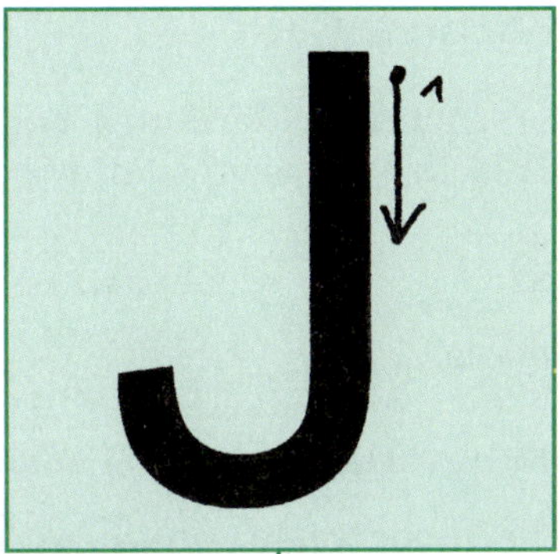

**„Weiches Fell – Raues Fell“**

*Unterschiedliche Felle, Leder, Stoffe zwischen weich und rau unterscheiden*

**„Krallen wetzen“**

*Mit Schmirgelpapier beklebte „J“-Buchstaben aus anderen herausfinden*

**„Auf der Lauer“**

*In Bauchlage wird eine zu gerollte Murmel mit einem Becher aufgefangen*

## „Weiches Fell – Raues Fell“

... Er hat ein wunderschönes goldbraunes Fell, das von vielen ringförmigen schwarzen Flecken unterbrochen wird ...

**Förderschwerpunkt**

✔ Taktile Wahrnehmung

**Aufgabenbeschreibung / Didaktische Umsetzung**

Unterschiedliche Felle, Lederreste, Stoffe werden auf Pappbuchstaben, die in der Form des Buchstaben „J“ geschnitten sind, geklebt. Diese werden in eine Tastbox oder in einen Korb, der mit einem Tuch verdeckt wird, gelegt. Die Kinder sollen versuchen, die Buchstaben nach der Beschaffenheit zwischen weich und rau zu unterscheiden.

**Material**

- Pappe
- Felle, Lederreste, Stoffe
- Tastbox, Korb mit Tuch

# „Auf der Lauer“

... Anschließend legt er sich gegen den Wind auf die Lauer. Geduldig wartet er auf seine Beute ...

## Förderschwerpunkt

- ✔ Auge-Hand-Koordination (Visuo-motorische Koordination)
- ✔ Kinästhetische Wahrnehmung / Kraftdosierung
- ✔ Handlungsplanung
- ✔ Lateralität / Präferenzdominanz
- ✔ Reaktion

## Aufgabenbeschreibung / Didaktische Umsetzung

Die Kinder liegen in Bauchlage, in einem nicht zu großen Abstand, gegenüber. Kind A hält einige Murmel bereit. Kind B hat einen Joghurtbecher, Papierrollen o.ä. in der Hand. A rollt eine Murmel zu B, die dieser mit dem Joghurtbecher aufzufangen versucht.

**Variation für die Turnhalle:** A rollt einen Ball zu B, den dieser mit beiden Händen versucht zu fangen.

## Material

- Murmeln, Kugeln
- Joghurtbecher, Papierrollen o.ä.

## Für die Turnhalle

- Bälle

## „Krallen wetzen“

... Sie sehen weiter, wie dieses Raubtier seine scharfen Krallen an einem Baum wetzt ...

**Förderschwerpunkt**

- ✔ Taktile Wahrnehmung
- ✔ Taktil-Kinästhetische Wahrnehmung
- ✔ Auge-Hand-Koordination
- ✔ Zuordnung Anlaut-Begriff / Vorstufe zur Synthese
- ✔ Sprachverständnis / Begriffsbildung
- ✔ Wortschatzerweiterung

**Aufgabenbeschreibung / Didaktische Umsetzung**

Verschiedene Pappbuchstaben werden mit Schmirgelpapier unterschiedlicher Körnung beklebt. In einem Abstand von ca. 3 Metern liegen auf einer Seite die Buchstaben verdeckt, auf der anderen Seite liegen Abbildungen, deren Begriff mit verschiedenen Anlauten beginnt. Das Kind liegt auf einem Pezziball oder einer Walze, rollt von einer Seite auf die andere, und ordnet auf diese Art und Weise den Anlaut „J“ der passenden Bildkarte zu. Beispiele für Begriffe mit dem Anlaut „J“: Jacke, Jaguar, Jeans, Jongleur, Joghurt, Japaner, Jo-Jo, Jahrmarkt ...

**Material**

- Pezziball, Walze
- Bildkarten mit unterschiedlichen Begriffen
- Pappe, Schmirgelpapier in unterschiedlicher Körnung

# K

# K – Kobold

Auf eurem Weg durch den Dschungel habt ihr euch verirrt. Immer wieder lauft ihr im Kreis herum. Was ist nur mit der Kompassnadel los? Ein Magnetfeld scheint sie zu irritieren. Wer treibt hier Schabernack mit euch? Immer wieder kommt ihr an der selben Stelle heraus. Die jungen Hexen und Zauberlehrlinge sind keinen Schritt weiter gekommen. Auf euren Kompass könnt ihr euch nicht mehr verlassen. Der Himmel ist verhangen. Keine Gestirne können euch den Weg weisen. Es dämmert bereits. **Im Halbdunkel erkennt ihr von Fern ein helles, kleines Licht. Es flackert hin und her. So, als winke es euch zu. „Lasst uns dem Lichtschein folgen.** Vielleicht führt er uns zurück auf den richtigen Weg." Kaum hat die junge Hexe diesen Satz beendet, beginnt der kleine Lichtkegel zu wandern. Die jungen Hexen und Zauberlehrlinge folgen ihm schnellen Fußes.

Der Lichtschein verharrt auf einer Stelle. Ihr kommt näher heran. Nun seht ihr ein fingergroßes Männchen mit einer leuchtenden Laterne in der Hand vor euch stehen. Auf dem Kopf trägt es eine rote Zipfelmütze. Verschmitzt blickt euch das Männchen an. Ein Kobold steht vor euch. „Ich habe euch wieder auf den richtigen Pfad gebracht. Ab hier funktioniert euer Kompass wieder. **Mein aufgebautes Magnetfeld lässt keine Eindringlinge zu. Es hätte euch in ein Labyrinth geführt.** Dies ist mein Reich, hier bin ich die herrschende Kraft. Doch euer unermüdliches Bemühen stimmt mich milde," grinst der kleine freche Kobold euch breit an.

Ihr bedankt euch und wandert unverdrossen weiter. „Ich begleite euch noch ein Stück des Weges," ruft der Kobold und springt neben euch her. **Er verfügt über eine unermüdliche Sprungkraft. Über Steine, Äste, Baumstämme hüpft er leichtfüßig dahin.** Zwischendurch springt er den jungen Hexen und Zauberlehrlingen auf den Kopf. Er hält euch lachend die Augen zu. Dann wieder kitzelt er euch solange an der Nasenspitze bis ihr niesen müsst. Unser kleiner Freund ist zu allerlei Scherzen aufgelegt. Aus seinen Augen lacht der Schalk. Die jungen Hexen und Zauberlehrlinge tragen es mit Humor.

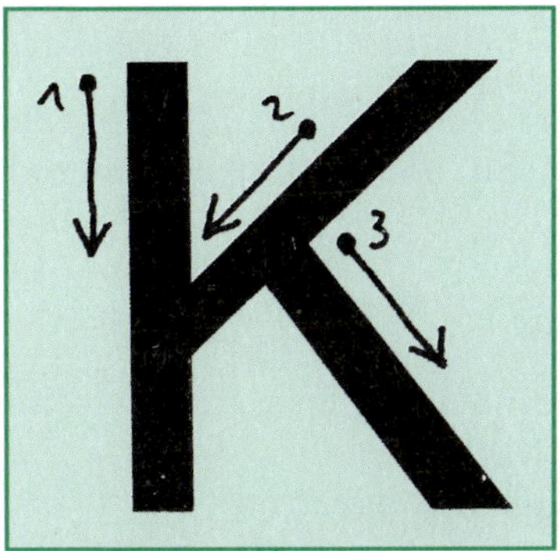

**„Lichterschein"**

*Mit Taschenlampe ein an die Wand gemaltes „K" verfolgen*

**„Labyrinth"**

*Mit Stiften, Linealen, Bausteinen Umrisse eines „K" legen und mit Bleistift und Radiergummi entlang fahren*

**„Sprung-Kraft"**

*Tischtennisbälle mit Joghurtbecher auffangen*

## „Lichterschein“

... Im Halbdunkel erkennt ihr von Fern ein helles, kleines Licht. Es flackert hin und her. So, als winke es euch zu. „Lasst uns dem Lichtschein folgen.“ ...

**Förderschwerpunkt**

- ✔ Auge-Hand-Koordination / Visuo-motorische Koordination
- ✔ Augenmuskelkontrolle
- ✔ Lateralität / Bilateralintegration

**Turnhalle**

- ✔ Sozialerfahrung

**Aufgabenbeschreibung / Didaktische Umsetzung**

An die Tafel / an die Wand wird der Anlaut „K“ ganz groß gemalt / geklebt. Das Kind erhält eine Taschenlampe und führt den Lichtkegel die Linien des Buchstaben entlang. Damit das Kind auch die richtige Schreibweise benutzt, sind Richtungspfeile hilfreich.

**Variation für die Turnhalle:** Auf dem Turnhallenboden wird der Buchstabe „K“ mit Seilen, Tau etc. groß ausgelegt. Die Kinder gehen zu einem „Expeditionsteam“ zusammen, und sind mit einem langen Seil miteinander verbunden. Der Raum wird abgedunkelt und der Expeditionsleiter führt mit dem Lichtkegel seiner Taschenlampe das gesamte „Team“ über den Buchstaben.

**Material**

- Taschenlampe
- Kreppband, Papier einer Tapetenrolle, dicken Stift

**Für die Turnhalle**

- dicke Seile oder Tau, langes Kletterseil oder zusammen geknotete Seile

# „Labyrinth"

... Mein aufgebautes Magnetfeld lässt keine Eindringlinge zu. Es hätte euch in ein Labyrinth geführt ...

**Förderschwerpunkt**

- ✔ Visuelle Wahrnehmung
- ✔ Auge-Hand-Koordination
- ✔ Taktil-Kinästhetische-Wahrnehmung
- ✔ Körperschema / Kraftdosierung
- ✔ Lateralität / Präferenzdominanz

**Turnhalle**

- ✔ Handlungsplanung
- ✔ Raumwahrnehmung

**Aufgabenbeschreibung / Didaktische Umsetzung**

Die Kinder legen aus verschiedenen Materialien die Umrisse des Anlautes „K". Als Materialien eignen sich Lineale, Stifte, kleine Bausteine, Spitzer etc.. Mit einem Bleistift schieben die Kinder nun einen Radiergummi durch das „Labyrinth" des Buchstaben. Dabei sollen die Ränder nicht berührt werden.

**Variation:** Wie oben, aber mit Spielregeln. Z.B. 10 Mal durch das Labyrinth fahren und bei jeder Berührung sich einen Punkt aufschreiben.

**Variation für die Turnhalle:** Aus vielfältigen Materialien wie Tüchern, Seile, Frisbées, Bierdeckeln etc. legen die Kinder gemeinsam die

Umrisse des Buchstaben. Mit einem Hockeyschläger und einem Puk oder einem Gymnastikstab und einem Ball führen die Kinder ihren Gegenstand ohne Randberührung.

**Material**

- Lineale, Stifte, Spitzer, kleine Bausteine u.ä.
- 1 Bleistift und 1 Radiergummi

**Für die Turnhalle:**

- Tücher, Seile, Frisbées, Bierdeckeln etc.
- Hockeyschläger und Puk oder Gymnastikstab und Ball

# „Sprung-Kraft“

... Er verfügt über eine unermüdliche Sprungkraft. Über Steine, Äste, Baumstämme hüpft er leichten Fußes dahin. ...

### Förderschwerpunkt

- ✔ Taktil-Kinästhetische Wahrnehmung
- ✔ Raumorientierung
- ✔ Auge-Hand-Koordination
- ✔ Vestibuläre Wahrnehmung
- ✔ Lateralität / Präferenzdominanz
- ✔ Rhythmusfähigkeit

### Aufgabenbeschreibung / Didaktische Umsetzung

Die Kinder erhalten jeweils einen Joghurtbecher und einen Tischtennisball/Flummi. Sie werfen ihren Ball und versuchen diesen so oft wie möglich hintereinander mit dem Becher aufzufangen. Bei jedem Treffer rufen sie „Kobold“!

**Tipp:** Dieses Spiel hat einen hohen Aktionsradius und eignet sich deshalb besser im Flur, auf dem Schulhof, in der Turnhalle.

### Material

- Tischtennisbälle, Joghurtbecher/Flummi

# L

# L – Lama

Der Weg der jungen Hexen und Zauberlehrlinge führt durch eine trockene Steppe und über einen Berg hinweg. **Ihr habt mit erheblichen Temperaturschwankungen zu kämpfen. Es ist heiß, kurz danach wieder bitterkalt.** Um nicht vom Wege abzuweichen, müsst ihr euch die Eigenschaften der Lamas zu eigen machen, die hier in der Gegend leben. Ihr entdeckt diese Tiere jetzt weit vor euch. Ihr passt eure Kleidung der jeweiligen Temperatur an. „Wir müssen trinken wie die Lamas. Sie trinken täglich viel frisches Wasser. Auch wir müssen auf unseren Wasserhaushalt achten. So wird uns die Hitze nicht mehr viel anhaben können. In den Bergen ziehen wir dann halt unsere Wollpullover an," beobachtet eine junge Hexe gekonnt. Es funktioniert. Die jungen Hexen und Zauberlehrlinge bewältigen so selbst die extremsten Temperaturschwankungen.

Ihr folgt den nicht anspruchsvollen Herdentieren weiter auf ihrem Weg. Karge Bedingungen schränken die Nahrungssuche sehr ein. Den Lamas scheint dies nichts auszumachen. Sie geben sich mit dem zufrieden, was sie vorfinden. **Auch in euren Rucksäcken herrscht Ebbe. Um euch herum könnt ihr nicht viel Essbares entdekken.** „Aber es wachsen doch hier die Mateblätter, davon gibt es hier genügend. Wir können sie kauen. „Sie lindern den Hunger," wusste nun auch eine junge Hexe.

Rechtzeitig geht eure Wanderung weiter. Endlich kommt ihr in eine Landschaft, die all eure Genüsse befriedigt. Saftiges Gras für die freundlichen Wiederkäuer und leckere Früchte für euch. Plötzlich entsteht Unruhe in der Herde. Die sonst so sozial ausgerichteten Tiere sind aufgebracht. Sie spucken. Eine Ausdrucksform, die sie sonst nur in Bedrängnis verwenden. Was ist los? **Die jungen Hexen und Zauberlehrlinge sehen, wie die Lamas auf diese Art und Weise ihre Rangordnung wieder herstellen.**

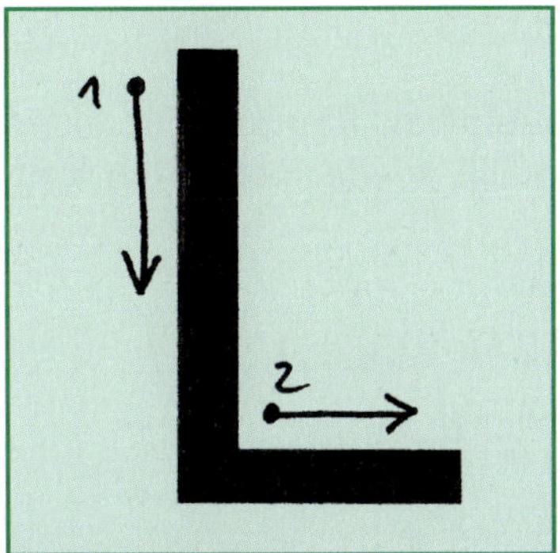

**„Heiß und kalt“**

*Mit Luftballons, mit kaltem bzw. warmem Wasser gefüllt, massieren*

**„Rang-Ordnung“**

*In „L“-Form hintereinander aufstellen und den Platz wechseln*

**„Rucksack packen“**

*Alltagsgegenstände erkennen und benennen*

# „Heiß und kalt“

... Ihr habt mit erheblichen Temperaturschwankungen zu kämpfen. Es ist heiß, kurz danach wieder bitterlich kalt ...

**Förderschwerpunkt**

- ✔ Taktil-Kinästhetische Wahrnehmung
- ✔ Taktile Wahrnehmung
- ✔ Kraftdosierung
- ✔ Bilateralintegration
- ✔ Entspannung
- ✔ Sozialerfahrung

**Aufgabenbeschreibung / Didaktische Umsetzung**

Mindestens 2 Luftballons werden mit kaltem bzw. warmem Wasser gefüllt. Die Luftballons sollten eine gute Qualität haben (keine „Wasserbomben“!). Auf die Luftballons schreiben die Kinder mit einem Filzstift den Anlaut „L“ ganz vorsichtig. Mit dem mit Wasser gefüllten Luftballon über den Körper der Kinder massieren.

**Tipp:** Den unaufgeblasenen Luftballon am Wasserhahn befestigen, festhalten und mit Wasser füllen. Dann wird so weit aufgepustet, bis der Luftballon knapp zur Hälfte mit Wasser gefüllt ist und verknotet.

**Variation:** Die Luftballons werden nach und nach zugeworfen. Die Kinder sollen diese versuchen zu fangen und zwischen kalt und warm unterscheiden.

### Material

- Luftballons mit guter Qualität, Filzstifte

## „Rucksack-packen"

... Auch in euren Rucksäcken herrscht Ebbe. Um euch herum könnt ihr nicht viel Essbares entdecken ...

### Förderschwerpunkt

- ✔ Kinästhetische Wahrnehmung
- ✔ Visuelle Wahrnehmung / Visuelle Figur-Grund-Wahrnehmung
- ✔ Begriffsbildung / Sprachverständnis

### Aufgabenbeschreibung / Didaktische Umsetzung

Die Kinder finden auf einer Seite des Raumes den Rucksack vor, auf der anderen Seite die Gegenstände und Buchstaben. Das Kind holt einen Buchstaben nach dem anderen aus dem Rucksack und ordnet diesen Anlaut dem entsprechenden Gegenstand zu. Dabei versucht es die Dinge laut zu benennen.

**Variation für die Turnhalle:** Es wird eine Bewegungslandschaft aufgebaut. Die Bildkarten und Gegenstände liegen verteilt herum. Die Kinder sollen diese finden, wobei sie über Bewegungsmöglichkeiten wie Klettern, Springen, in Höhlen kriechen etc. diese Dinge finden müssen. Der zu packende Rucksack könnte in der Höhe einer Sprossenwand angebracht werden, so dass die Kinder immer wieder klettern dürfen, um diesen zu füllen.

**Material**

- Rollbrett
- Reale Gegenstände des Alltags und Buchstaben
- Rucksack, Tasche

**Für die Turnhalle**

- Bewegungslanschaft mit Matten, Kästen, Ringen, Tauen, Sprossenwand, Turnbänken etc.

## „Rang-Ordnung“

... Die jungen Hexen und Zauberlehrlinge sehen, wie die Lamas auf diese Art und Weise ihre Rangordnung wieder herstellen ...

### Förderschwerpunkt

- ✔ Raumorientierung
- ✔ Körperschema
- ✔ Kinästhetische Wahrnehmung
- ✔ Handlungsplanung
- ✔ Sozialerfahrung

### Turnhalle

- ✔ Vestibuläre Wahrnehmung

### Aufgabenbeschreibung / Didaktische Umsetzung

Auf den Boden wird der Anlaut „L“ mit Kreppband geklebt, der so groß ist, dass eine ausgewählte Anzahl von Kindern darauf hintereinander stehen kann. Das vorne stehende 1. Kind wechselt seinen Platz und stellt sich hinter das letzte Kind. Alle anderen Kinder rükken so auf, dass das 2. Kind ganz vorne steht. Dieses Kind stellt sich nun hinten an und so weiter, bis das 1. Kind wieder vorne steht. Die vorne stehenden Kinder dürfen erst den Platz wechseln, wenn alle Kinder nach gerückt sind.

**Variation für den Schulhof:** Mit Straßenmalkreide die Umrisse des Buchstaben malen, so dass alle Kinder darin Platz finden. Der Platzwechsel darf nur ohne Berührung der Außenlinien statt finden.

**Variation:** Als Wettspiel mit mehreren Gruppen – Welche Gruppe ist zuerst fertig?

**Variation für die Turnhalle:** 2 Langbänke bilden ein „L“. Die Kinder stehen darauf und dürfen den Platz nur wechseln, indem sie den Boden nicht berühren. Dabei müssen sie an den anderen vorbei gehen. Die anderen, auf der Bank stehenden Kinder, dürfen dabei helfen. **Variation:** Die Kinder stehen auf einem „L“, das aus Tapetenrolle ausgelegt wird.

## Material

- Kreppband, Straßenmalkreide, Tapetenrolle

## Für die Turnhalle

- 2 Turnbänke

# M

# M – Maus

„Auch diesen Schwierigkeitsgrad habt ihr gut gemeistert," freute sich die Oberhexe sichtlich über ihre Schüler.
„Bleibt weiter auf dieser Spur und folgt der tierischen Natur."

Für die Nacht suchen sich die jungen Hexen und Zauberlehrlinge Unterschlupf in einer leerstehenden Höhle. Irgend etwas huscht an euch vorbei. Wieder flitzt es durch die Höhle. **Dann herrscht Stille. Ihr versucht ins Dunkel zu horchen. Hört ihr da nicht ein leises Tippeln? Erkennen könnt ihr nichts, es ist zu finster in der Höhle.** Wieder dieses leise Tippeln. In einem eurer Rucksäcke vernehmt ihr nun ein Rascheln. Ihr blickt vorsichtig mit einer kleinen Taschenlampe hinein. Ein graues Mäuschen macht sich an eurem Käse zu schaffen.

Mutig blickt die Maus euch ins Gesicht. Sie frisst weiter. Ihr öffnet den Rucksack etwas mehr. Ihr seid im Begriff, hinein zu greifen, als die Maus nun blitzschnell hinaus springt. **Wendig flitzt sie an den jungen Hexen und Zauberlehrlingen vorbei. Jede kleinste Ritze dient ihr als Versteck.** Unmöglich, sie wieder zu finden.

Doch der hervorragende Geruchssinn lockt das kleine Säugetier aus seinem Versteck heraus. Es sucht die Nähe der jungen Hexen und Zauberlehrlinge. Unser Mäuschen wittert leckere Kostbarkeiten. Der Duft von Süßigkeiten, Milch, Käse und Früchten liegt in der Luft. Die hungrige Maus nagt an einem Rucksack. Dann schlüpft sie hinein. Ein wahres Mäuseparadies liegt vor ihr. Wieder entdeckt ihr das Mäuschen. Doch die jungen Hexen und Zauberlehrlinge, die selbst bereits durch eine karge Zeit gehen mussten, gönnen es dem mutigen Tier. Sie haben genug. **Soll die Maus sich ruhig ein paar kleine Vorräte anlegen. Fast die ganze Nacht huscht unserer Mäuschen immer wieder zwischen Versteck und Schlaraffenlandrucksack hin und her.**

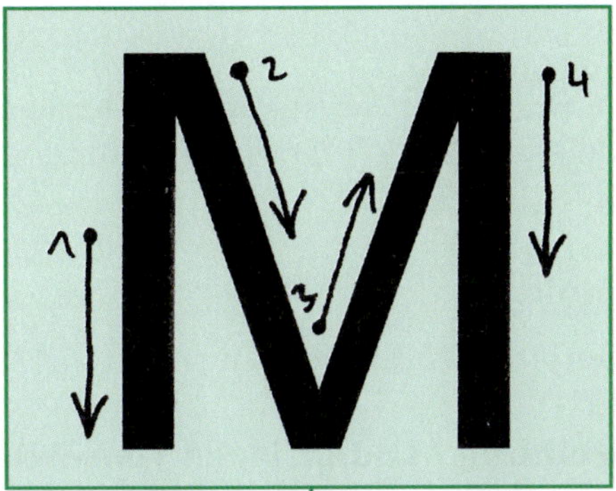

**„Tippelei"**

*Mit geschlossenen Augen aus einer Kiste mit Sand Murmeln heraus suchen*

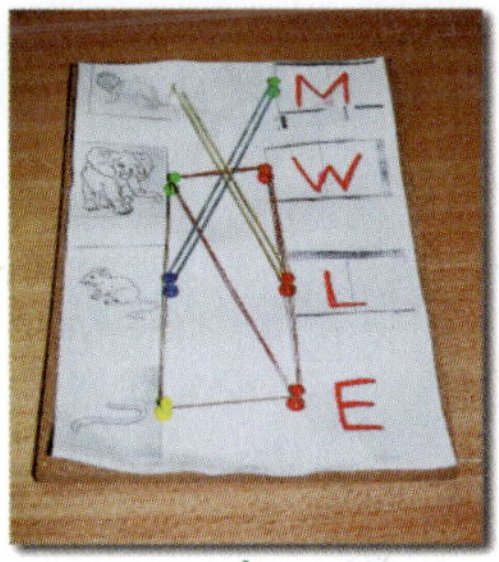


**„Flitz-Gummi"**

*Abbildungen auf eine Korkplatte heften, diese erkennen und Anlaut zuordnen*

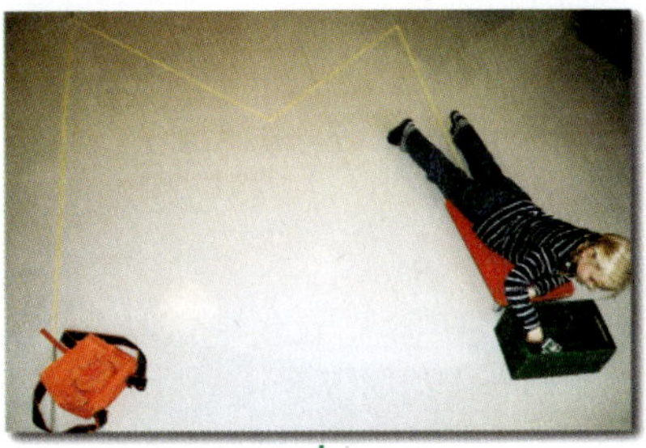

**„Flizzifahren"**

*Mit einem Rollbrett zwischen einem Rucksack und einem Versteck hin und her fahren und eine Aufgabe lösen*

## „Tippelei“

... Dann herrscht Stille. Ihr versucht ins Dunkel zu horchen. Hört ihr da nicht ein leises Tippeln? Erkennen könnt ihr nichts, es ist zu finster in der Höhle ...

### Förderschwerpunkt

✔ Taktil-Kinästhetische Wahrnehmung

### Aufgabenbeschreibung / Didaktische Umsetzung

In einer Schüssel mit Sand sind Murmeln in verschiedenen Größen versteckt. Die Kinder versuchen, die kleinen Murmeln heraus zu suchen. Damit legen sie den Buchstaben „M“.

### Material

- Murmeln in verschiedenen Größen, darunter eine Vielzahl von kleinen Murmeln
- Tablett mit Sand

## „Flitz-Gummi“

... Wendig flitzt sie an den jungen Hexen und Zauberlehrlingen vorbei. Jede kleinste Ritze dient ihr als Versteck ...

### Förderschwerpunkt

- ✔ Taktil-Kinästhetische-Wahrnehmung / Kraftdosierung
- ✔ Visuelle Figur-Grund-Wahrnehmung
- ✔ Lateralität / Präferenzdominanz / Bilaterlintegration
- ✔ Abbildungen benennen und Anlaut zuordnen
- ✔ Vorstufe zur Synthesebildung

### Aufgabenbeschreibung / Didaktische Umsetzung

Auf einer Korkplatte wird mit Pinnwandnadeln ein vorbereitetes Blatt fest gesteckt. Auf der linken Seite befinden sich Abbildungen, deren Anlaut unterschiedlich ist. Auf der rechten Seite ist der entsprechende Anlaut zu lesen. Die Pinnwandnadeln sind so angebracht, dass die Kinder mit einem Haushaltsgummi vom Anlaut zur Abbildung die richtige Verbindung herstellen sollen.

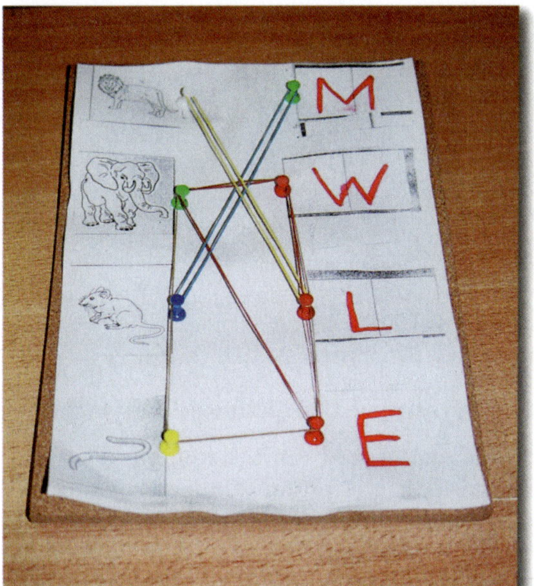

**Material**

- Korkplatten, Pinnwandnadeln, Haushaltsgummi
- Kopiervorlagen für Anlaut – Abbildung

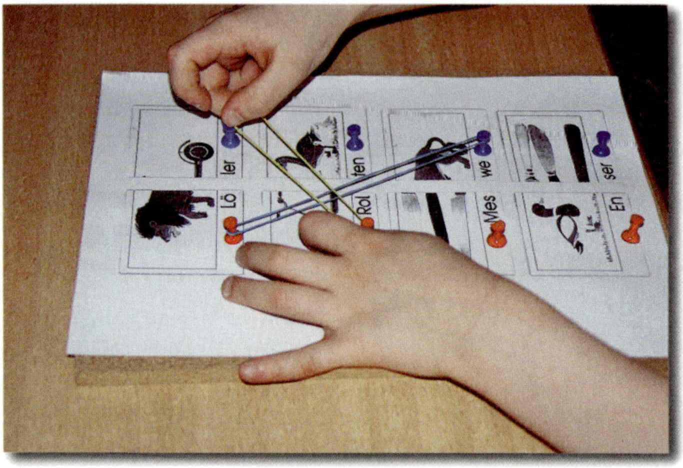

## „Flizzifahren“

... Soll die Maus sich ruhig ein paar Vorräte anlegen. Fast die ganze Nacht huscht unser Mäuschen immer wieder zwischen Versteck und Schlaraffenlandrucksack hin und her ...

**Förderschwerpunkt**

- ✔ Vestibuläre Wahrnehmung
- ✔ Kinästhetische Wahrnehmung
- ✔ Bilder erkennen / Wortverständnis

**Aufgabenbeschreibung / Didaktische Umsetzung**

Im Flur wird der Anlaut „M“ mit Kreppband so auf den Boden geklebt, dass die Kinder mit einem Rollbrett darüber fahren können. Am Anfang des Buchstabens steht ein Rucksack, am Ende befindet sich ein Karton/Korb, der mit Kastanien gefüllt ist. Darin liegen Memory-Karten, auf denen verschiedene Abbildungen mit dem Anlaut

„M" zu erkennen sind. Das Kind sucht nun die Kärtchen heraus, liest das Wort laut vor, fährt über die „M"-Straße zum Rucksack und sammelt diese nacheinander hinein.

**Variation für den Schulhof:** Wie oben, mit Straßenkreide den Buchstaben malen und mit Pedalo, Stelzen, Dosen etc. die Aufgabe lösen.

### Material

- Kreppband, Rollbrett
- Rucksack
- Memory –Karten

### Für den Schulhof

- Straßenmalkreide, Pedalo, Stelzen, Dosen etc.

# N

# N – Nashorn

Ein gewaltiges Beben lässt die jungen Hexen und Zauberlehrlinge aufschrecken. Die Erde zittert. Stampfende Geräusche nähern sich schnell. Ein hoher Baum dient euch als Ausblick und Schutz. Von der Baumkrone aus seht ihr zwei Nashörner in schnellem Schritt heraneilen. Die gewaltigen Tiere schnaufen aggressiv **Die schwer gepanzerten Nashörner fechten einen Konflikt aus. Ihre Hautpanzerplatten lassen jedoch keine ernsthafte Verletzung zu.**

Gerade als ihr wieder von dem Baum klettern wollt, bebt die Erde erneut. Eine Nashornmutter nähert sich mit ihrem Jungen. Durch das Knacken der Äste wird sie auf euch aufmerksam. Ihr scharfes Gehör lässt sie nicht im Stich. **Das mangelhafte Sehvermögen der Nashornmutter schränkt sie ein. Sie kann die jungen Hexen und Zauberlehrlinge nicht erkennen.** Doch ihr exzellentes Gehör vermittelt dem großen Säugetier die Richtung. Wütend stampft die Nashornmutter heran. Sie sieht ihr Junges in Gefahr.

Die Nashornmutter bleibt abrupt vor eurem Baum stehen. Sie läuft wieder einige Meter zurück. Das gewaltige Tier senkt seinen langen Kopf. Vorne auf der Nase trägt es ein spitzes Horn. Wutschnaubend stampft es, auf einer Stelle stehend. Die jungen Hexen und Zauberlehrlinge befürchten nichts Gutes. Wie sollen sie die Nashornmutter nur beruhigen? Sie wollen dem Jungen doch gar nichts tun. Aber auch eine eingebildete Gefahr genügt einer Nashornmutter. **Jetzt kommt sie eiligen Schrittes, mit gesenktem Kopf und Horn, heran geprescht. Mit einer gewaltigen Wucht stößt ihr Horn gegen den Baum.** Die jungen Hexen und Zauberlehrlinge werden durchgeschüttelt. Wieder nimmt die Nashornmutter Anlauf. Wieder ein gewaltiger Aufprall, der euch durchschüttelt. Noch zweimal stößt das Nashorn wuchtig gegen den Baum. Erst dann läuft die Nashornmutter leichtfüßig mit ihrem Jungen davon.

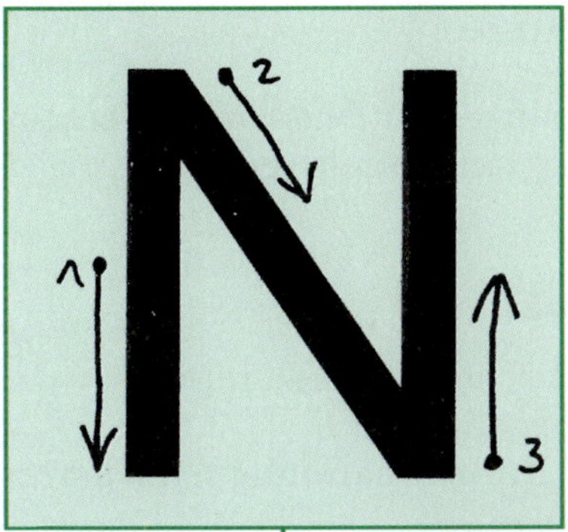

**„Bierdeckel-Panzer"**

*Rücken mit Bierdeckeln belegen und auf allen Vieren mit einem Partner „kämpfen", ohne dass die eigenen Bierdeckel herunter fallen.*

**„Durchblick"**

*Durch zwei Papierrollen oder ein umgedrehtes Fernglas schauen und über ein mit Teppichfliesen groß ausgelegtes „N" gehen.*

**„Nashorn"**

*Ein gespannt gehaltenes Zeitungsblatt „durchstoßen"*

## „Bierdeckel-Panzer“

... Die schwer gepanzerten Nashörner fechten einen Konflikt aus. Ihre Hautpanzerplatten lassen jedoch keine ernsthaften Verletzungen zu ...

### Förderschwerpunkt

- ✔ Taktil-Kinästhetische Wahrnehmung
- ✔ Vestibuläre Wahrnehmung
- ✔ Körperschema / Körperspannung / Körperorientierung
- ✔ Sozialerfahrung

### Aufgabenbeschreibung / Didaktische Umsetzung

2 Kinder knien sich in der Bankstellung auf allen Vieren gegenüber. Die anderen Kinder belegen den Rücken dieser Kinder mit ganz vielen Bierdeckeln. Die beiden Kinder versuchen nun, den anderen unter fairen Spielregeln aus dem Gleichgewicht zu bringen. Ziel ist es, so lange wie möglich die Bierdeckel auf dem Rücken zu halten.

**Variation:** Mit Sandsäckchen belegen.

**Variation für die Turnhalle:** Wie oben, die Kinder knien dabei auf einer Weichbodenmatte

### Material

- Bierdeckel, evtl. Sandsäckchen, Weichbodenmatte

## „Durchblick“

... Das mangelhafte Sehvermögen der Nashornmutter schränkt sie ein. Sie kann die jungen Hexen und Zauberlehrlinge nicht erkennen ...

### Förderschwerpunkt

- ✔ Visuelle Wahrnehmung
- ✔ Visuo-motorische Wahrnehmung
- ✔ Körperschema
- ✔ Vestibuläre Wahrnehmung

### Aufgabenbeschreibung / Didaktische Umsetzung

Der Anlaut „N“ wird groß auf den Boden geklebt, gemalt oder mit Teppichfliesen gelegt. Die Kinder erhalten 2 Papierrollen oder ein umgedrehtes Fernglas, durch das sie schauen können. Auf diese Art und Weise sollen sie versuchen, den Buchstaben entlang zu gehen, ohne die Linie zu verlassen.

**Variation für den Schulhof:** Wie oben, Anlaut „N“ mit Straßenmalkreide malen.

**Variation für die Turnhalle:** Aus Tapetenbahnen wird ein „N“ gelegt. Auf diese werden verschiedene Gegenstände gelegt. Die Kinder gehen mit dem Fernglas oder den Papierrollen so über die Tapetenbahnen, dass sie die Gegenstände nicht berühren.

### Material

- Papierrollen, Fernglas evtl. Prismen
- Kreppband, Seile, Straßenmalkreide

### Für die Turnhalle

- Tapetenrolle, verschiedene Gegenstände

## „Nashorn“

... Jetzt kommt sie eiligen Schrittes, mit gesenktem Kopf und Horn, heran geprescht. Mit einer gewaltigen Wucht stößt ihr Horn gegen den Baum. ...

### Förderschwerpunkt

✔ Visuelle Wahrnehmung
✔ Auge-Hand-Koordination
✔ Kraftdosierung
✔ Sozialerfahrung

### Turnhalle

✔ Kinästhetische Wahrnehmung
✔ Bewegungssteuerung

### Aufgabenbeschreibung / Didaktische Umsetzung

Die Kinder malen mit dicken Stiften auf die Mitte einiger Zeitungsblätter ein „N“. Zwei Kinder halten das Zeitungsblatt so, dass ein

anderes genau gegen das „N“ laufen kann, und das Papier „durchstößt“.

**Variation:** Die Zeitungen werden an einem Seil mit Wäscheklammern befestigt. Die Kinder versuchen mit einem Ball den auf das Papier gemalten Anlaut „N“ zu treffen.

**Variation für die Turnhalle:** Mit einem Rollbrett mit viel Schwung gegen die Zeitung fahren.

### Material

- Zeitungen, Filzstift
- Seil, Wäscheklammern
- Softbälle

### Für die Turnhalle

- Flizzi

O

# O – Otter

Der Kompass führt die jungen Hexen und Zauberlehrlinge zu einem Ufer mit dichtem Pflanzenwuchs. Etwas schlankes, linienförmiges tollt verspielt durch den Fluss. Jetzt bleibt es senkrecht im Wasser stehen. Kopf und Hals des Fischotters ragen über die Wasseroberfläche. Neugierig mustert er euch. Fasziniert schaut ihr ihm zu. Mit seinem geschmeidigen Körper treibt er in wellenförmigen Bewegungen durch das Gewässer. Leicht und fließend. Das Wasser ist sein Element. Unermüdlich gibt er seinem großen Bewegungsdrang nach. Kokett führt der Otter euch vor, welch ein ausgezeichneter Schwimmer und Taucher in ihm steckt. Sein dichtes, wasserabweisendes Haarkleid ist dem feuchten Element angepasst. **Freudig lässt er seinem Spieldrang freien Lauf.**

Die jungen Hexen und Zauberlehrlinge sitzen am Ufer. Eine von euch bekommt Hunger. Sie packt etwas Essbares aus ihrem Rucksack. Nun könnt ihr beobachten, welch hervorragender Geruchsinn den Otter auszeichnet. Das Säugetier kommt geradewegs auf die junge Hexe zugeschwommen. **Mit einem Satz ist der leckere Fisch im Maul des Marders. Er liebt Fisch.** Und sein Appetit scheint unerschöpflich.

Nachdem der geschickte Jäger gesättigt ist, bewegt er sich geschmeidig am Ufer voran. Sein langgestreckter Körper schlängelt sich auf den kurzen Beinen trippelnd dahin. Zwischendurch läuft er, kugelt sich und verschlingt seinen wendigen Körper ineinander. Die pure Freude des Tieres am Sein zaubert den jungen Hexen und Zauberlehrlingen ein Lächeln ins Gesicht. Die Schwere der letzten Tage ist vergessen. **Bevor ihr euren Weg fortsetzt, seht ihr den Otter noch in seinem selbst gegrabenen Bau, in einer Uferböschung, verschwinden.**

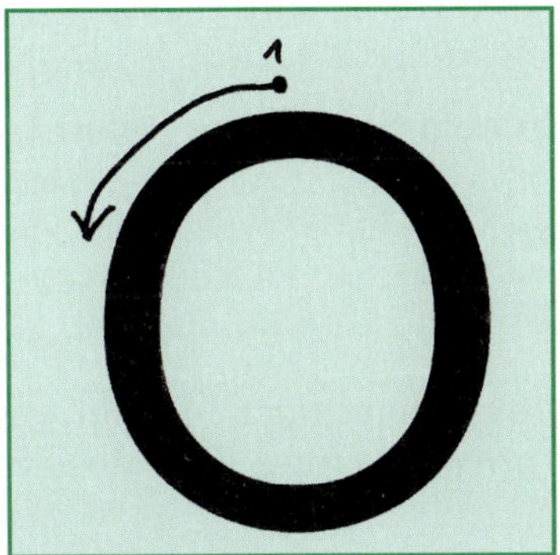

**„Murmelrunde“**
*In einem Haushaltsgummi so viel Murmeln wie möglich stapeln*

**„Mmh, Fisch ...“**
*Karten mit ausgewählten Abbildungen aus einem Eimer angeln*

**„O-Bau“**
*Aus unterschiedlichsten Materialien den Buchstaben O „bauen“*

## „Murmelrunde“

... Freudig lässt er seinem Spieldrang freien Lauf ...

### Förderschwerpunkt

- ✔ Taktile Wahrnehmung
- ✔ Feinmotorik
- ✔ Lateralität / Präferenzdominanz / Pinzettengriff
- ✔ Kinästhetische Wahrnehmung / Kraftdosierung

### Aufgabenbeschreibung / Didaktische Umsetzung

Die Kinder legen mit einem Haushaltsgummi den Anlaut „O“. Sie sollen versuchen, so viele Murmeln wie möglich darin zu stapeln.

### Material

- Murmeln, Haushaltsgummi

## „Mmh, Fisch ...“

... Mit einem Satz ist der leckere Fisch im Maul des Marders. Er liebt Fisch ...

### Förderschwerpunkt

- ✔ Auge-Hand-Koordination
- ✔ Visuelle Wahrnehmung / Visuelle Figur-Grund-Wahrnehmung
- ✔ Kinästhetische Wahrnehmung

### Aufgabenbeschreibung / Didaktische Umsetzung

In einem Eimer/Karton befinden sich Bildkarten, Buchstaben mit dem Anlaut „O“ und Buchstaben, die das Wort „Otter“ ergeben. Alle Teile sind mit Magnetknöpfen versehen. Die Kinder liegen in Bauchlage auf einem Schultisch und versuchen mit einer Angel, an deren Ende ebenfalls ein Magnet befestigt ist, alle Teile heraus zu angeln. Dann sollen sie versuchen, Worte mit den vorhandenen Buchstaben zu legen. Können sie das Wort „Otter“ legen?

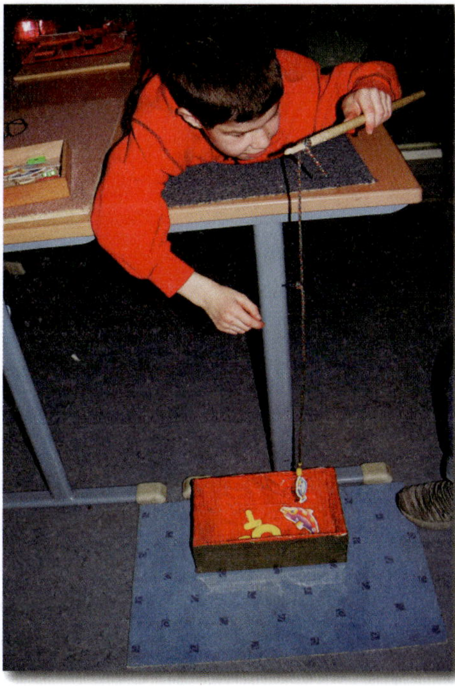

### Material

- Schultisch, Eimer/Karton
- Angel mit Magnet
- Bildkarten mit Magnetknöpfen

## „O-Bau“

... Bevor ihr euren Weg fortsetzt, seht ihr den Otter noch in seinem selbst gegrabenen Bau, in einer Uferböschung, verschwinden ...

### Förderschwerpunkt

- ✔ Feinmotorik
- ✔ Lateralität / Präferenzdominanz / Pinzettengriff
- ✔ Kinästhetische Wahrnehmung / Kraftdosierung
- ✔ Handlungsplanung

### Aufgabenbeschreibung / Didaktische Umsetzung

Die Kinder erhalten verschiedene Materialien wie Streichhölzer, kleine Bausteine, kleine bis mittelgroße Kieselsteine, Äste etc.. Mit jeweils einer Sorte versuchen die Kinder den Buchstaben „O“ zu bauen und zu stapeln.

### Material

- Streichhölzer, kleine bis mittelgroße Kieselsteine, kleine Bausteine, Äste etc.

# P

# P – Purzelwurz

Nach einer langen, anstrengenden Wanderung rastet ihr unter dem Schutz der Bäume. Eure Füße tun weh. Die Augenlider der jungen Hexen und Zauberlehrlinge senken sich. Müdigkeit überkommt euch. Zwischen einer Baumwurzel hindurch werdet ihr beobachtet. Ein Purzelwurz mit einer blauen Zipfelmütze lugt durch die Wurzeln. Er wohnt dort. Sein Zuhause sind alle Baumwurzeln. Interessiert betrachtet er euch. Solche Wesen sind ihm noch nicht untergekommen. **Vielleicht kann man ja mit ihnen spielen. Purzelbaum schlagend rollt er näher an euch heran.** Ein junger Zauberlehrling öffnet langsam die Augen. Er erblickt den kleinen Purzelwurz und rüttelt die anderen wach. „Schnell, ihr müsst aufwachen! Ein Zwerg sitzt vor uns!" Empört stellt sich Purzelwurz mit verschränkten Armen vor den Zauberlehrling. „Gehörte ich zu den Zwergen – so wohnte ich wohl in den Bergen." Dabei rollt er zwei Purzelbäume nach vorne und nach hinten.

Erstaunt blickt ihr nun alle auf das Kobold ähnliche Geschöpf vor euch. „Bist du ein Kobold ?" will eine junge Hexe nun genauer wissen. „Purzelwurz mein Name – zur Familie der Kobolde gehöre ich, ohne Frage," purzelt er wieder zweimal nach vorne und zweimal nach hinten. **„Doch kann ich mich machen groß und klein – ist das nicht fein?" lässt sich Purzelwurz vor den jungen Hexen und Zauberlehrlingen baumgroß wachsen. Kurz danach steht er wieder fingerklein vor euch.**

Immerfort schlägt er Purzelbäume, während er mit euch spricht. Immer noch seid ihr sehr müde, das kurze Schläfchen hat nicht viel gebracht. Ihr fragt Purzelwurz um Rat. „Ihr wollt einen Rat – da kann ich euch helfen, in der Tat. **Schließt die Augen – sie werden auch im Dunkeln taugen. Legt die Hände auf den Boden – dort, wo Urkräfte seit jeher wohnen. Zieht sie euch hinauf – gleich seid ihr wieder gut drauf."** Hellwach blickt ihr kurz darauf dankbar den Kobold mit der blauen Zipfelmütze an.

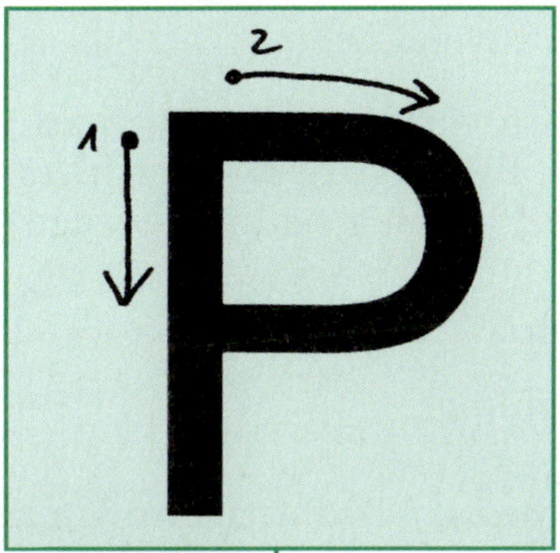

**„Kraftfeld“**

*Handflächen gegeneinander legen und die Wärme des anderen wahrnehmen*

**„Perlenspiel“**

*Perlen nach Größe, Form, Anzahl und Farbe auffädeln*

**„Groß und klein“**

*Durch eine Reifenstraße gehen und anhand der dort ausgelegten Größe der Buchstaben sich groß oder klein machen*

## „Kraftfeld“

... Schließt die Augen – sie werden auch im Dunkeln taugen. Legt die Hände auf den Boden – dort, wo Urkräfte seit jeher wohnen. Zieht sie euch hinauf – gleich seid ihr wieder gut drauf ...

### Förderschwerpunkt

✔ Taktile Wahrnehmung

### Aufgabenbeschreibung / Didaktische Umsetzung

Partneraufgabe: Die Kinder gehen paarweise zusammen, legen ihre Handflächen gegeneinander und versuchen die Körperwärme des anderen Kindes wahrzunehmen.

### Material

- Ohne Material

# „Groß und klein“

… „Doch kann ich mich machen groß und klein – ist das nicht fein?“ lässt sich Purzelwurz vor den jungen Hexen und Zauberlehrlingen baumgroß wachsen. Kurz danach steht er wieder fingerklein vor euch …

## Förderschwerpunkt

- ✔ Kinästhetische Wahrnehmung / Körperschema
- ✔ Formwahrnehmung
- ✔ Vestibuläre Wahrnehmung

## Aufgabenbeschreibung / Didaktische Umsetzung

Eine „Reifenstraße“ wird im Flur ausgelegt. Die Kinder stellen aus Papier/Pappe unterschiedlich große „K“ Buchstaben her. Diese werden jeweils einzeln in einen Reifen gelegt. Die Kinder hüpfen, laufen, gehen durch jeden Reifen und machen sich im Reifen je nach Größe des Buchstaben klein (hocken) oder groß (auf Zehenspitzen und strecken).

**Variation für den Schulhof:** Wie oben, jedoch die „Straße“ aus Kreisen mit Straßenmalkreide auf den Boden malen und die Buchstaben in den Kreis malen.

## Material

- Reifen, Papier/ Pappe

## Für den Schulhof

- Straßen-malkreide

## „Perlenspiel“

... Vielleicht kann man ja mit ihnen spielen. Purzelbaum schlagend rollt er näher an euch heran ...

### Förderschwerpunkt

- ✔ Kinästhetische Wahrnehmung / Formwahrnehmung
- ✔ Vestibuläre Wahrnehmung
- ✔ Lateralität / Präferenzdominanz / Pinzettengriff / Bilateralintegration
- ✔ Visuelle Wahrnehmung / Visuelles Operieren / Visuelle Figur-Grund-Wahrnehmung
- ✔ Sprachverständnis / Begriffsbildung
- ✔ Sozialerfahrung

### Aufgabenbeschreibung / Didaktische Umsetzung

Partneraufgabe: Kind A liegt auf einer Matratze/Matte. Vor ihm liegen Perlen in unterschiedlicher Farbe, Form, Größe und Anzahl. Kind B liegt auf A, dazwischen befindet sich eine Decke, Kissen, dünne Matte. B hält eine vorbereitete Perlenkette in den Händen und beschreibt A in entsprechender Reihenfolge, welche Perle dieser auffädeln soll. B beschreibt eine Perle in ihrer o.g. Eigenschaft, die A sucht und auffädelt, dann beschreibt B wieder eine Perle etc.. Danach vergleichen die Kinder ihre Ketten.

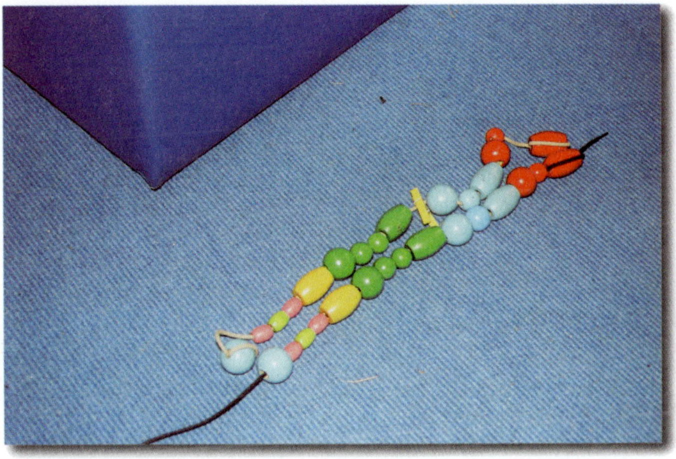

## Material

- Perlen in unterschiedlicher Farbe, Form, Größe; Schnur
- Matratze, Kissen, Decke o.ä.

# Q – Qualle

Eine Küstenlandschaft liegt vor den jungen Hexen und Zauberlehrlingen. Ihr lauft barfüßig am Strand entlang. Das Meerwasser kühlt eure geschwollenen Füße. Plötzlich schreit ein Zauberlehrling schmerzhaft auf. „Au, das brennt ja fürchterlich!" Die jungen Hexen und Zauberlehrlinge sehen, dass er auf eine gallertartige Gestalt getreten ist. Eine Qualle hat sich von den Wellen an den Strand treiben lassen. Das Nesseltier wirkt wie ein mit Gel gefülltes Klarsichtfolienkissen. **Da die Qualle zum größten Teil aus Wasser besteht, wabbelt sie bei Berührungen hin und her.** Gerade eine Qualle mit giftigem Sekret musste der Zauberlehrling erwischen! Ein jukkender, schmerzender Ausschlag quält ihn.

Ihr verarztet den verletzten Zauberlehrling. Im Meerwasser erkennt ihr bald darauf mehrere Arten von Quallen. **Die meisten haben eine schirmartige Gestalt** und sind durchsichtig. Die Meerestiere schwimmen anmutig durch das Zusammenziehen ihres Schirmes dahin. Die jungen Hexen und Zauberlehrlinge verwandeln sich mittels Zauberstab in kleine Fische. Sie wollen mehr über die durchsichtigen Tiere wissen. Ihr schwimmt in ihre Nähe. Lange Tentakel strecken sich euch entgegen. Blitzschnell weicht ihr den **Fangarmen** aus. Ihr wisst, dort können giftige Nesselkapseln mit Fangfäden sitzen. Sie lähmen die Beute. Aber auch zur Verteidigung setzt die Qualle sie ein.

Etwas entfernt erkennen die jungen Hexen und Zauberlehrlinge nun eine andere Quallenart. Diese sind nicht durchsichtig. Sie sehen aus wie blaue, gelbe und grünlich gefärbte Blumen. **Die Strahlenquallen lassen sich auf der Wasseroberfläche treiben. Ihre intensive Farbe strahlt euch entgegen. Die kleinen Tiere scheinen den Tag treibender Weise zu genießen.**

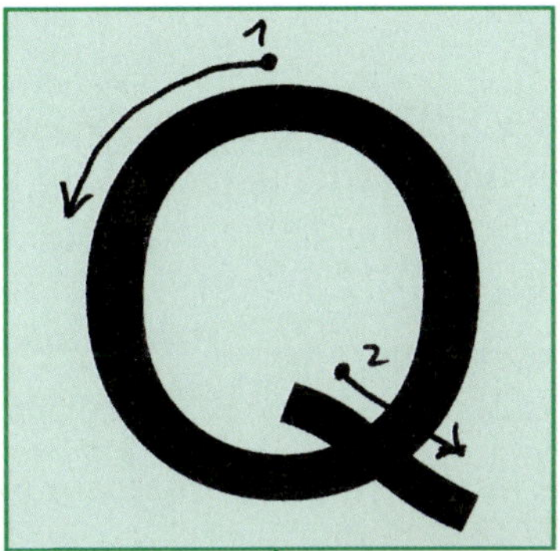

**„Schwabbelsteg“**

*Die Kinder balancieren über einen umgedrehten Tisch, unter dem aufgeblasene Luftballons liegen / einen Kastendeckel, unter dem Bälle liegen.*

**„Fang – Schirm”**

*Ein Kind fängt mit einem umgedrehten, aufgespannten Regenschirm in drehender Bewegung kleine Gegenstände*

**„Qualle“**

*Ein buntes „Q“ in einer Schüssel mit Wasser schwimmen lassen*

## „Schwabbelsteg“

... Da die Qualle zum größten Teil aus Wasser besteht, wabbelt sie bei Berührungen hin und her ...

### Förderschwerpunkt

- ✔ Vestibulare Wahrnehmung
- ✔ Kinästhetische Wahrnehmung / Körperorientierung
- ✔ Körperschema

### Aufgabenbeschreibung / Didaktische Umsetzung

Viele aufgeblasene Luftballons werden in ein Schwungtuch/einen Bettbezug gesteckt und unter einen umgedrehten Tisch gelegt. Die Kinder versuchen so vorsichtig über den Tisch zu gehen, dass dabei kein Luftballon platzt.

**Variation für die Turnhalle:** Medizinbälle werden unter einen Kastendeckel gelegt. Darauf achten, dass er relativ stabil liegt, aber dennoch wackelt.

### Material

- Schultisch, Luftballons, Tuch/ Bettbezug

### Für die Turnhalle

- Kastendeckel, Medizinbälle

## „Fang – Schirm“

... Die meisten Quallen haben eine schirmartige Gestalt mit Fangarmen ...

**Förderschwerpunkt**

- ✔ Vestibuläre Wahrnehmung
- ✔ Visuelle Wahrnehmung / Auge-Hand-Koordination
- ✔ Raumorientierung
- ✔ Gegenstände benennen / Wortschatzerweiterung
- ✔ Abbildung erkennen und Anlaut zuordnen

**Aufgabenbeschreibung / Didaktische Umsetzung**

Ein Kind sitzt auf einem Varussell und hält einen aufgespannten (Kinder-) Regenschirm über seinem Kopf. In drehender Bewegung fängt es Bildkarten mit dem Anlaut „Q“ sowie Holz-, Papp-, Moosgummi u.ä. auf. Diese werden von den anderen Kindern aus einem bereit gestellten Korb aus andern Anlauten heraus gesucht. Das Kind mit dem Regenschirm überprüft zum Schluss das Aufgefangene auf seine Richtigkeit.

**Variation für die Turnhalle:** Wie oben, dabei sitzt das Kind in einer Mattenschaukel (Matte in Ringe einhängen) oder Hängematte.

Die anderen Kinder sammeln die Gegenstände, die in der Turnhalle verteilt sind, mit einem Rollbrett auf.

**Material**

- Varussell, (Kinder-) Regenschirm
- diverse Bildkarten, kleine Alltagsgegenstände, Holz-, Papp-, Moosgummi-Buchstaben
- Rollbretter

**Für die Turnhalle**

- Gymnastikmatte / Ringe oder Hängematte

## „Qualle“

... Die Strahlenquallen lassen sich auf der Wasseroberfläche treiben. Ihre intensive Farbe strahlt euch entgegen. Die kleinen Tiere scheinen den Tag treibender Weise zu genießen ...

**Förderschwerpunkt**

✔ Kinästhetische Wahrnehmung / Kraftdosierung
✔ Entspannung
✔ Sozialerfahrung

**Aufgabenbeschreibung / Didaktische Umsetzung**

Die Kinder reiben ein Blatt Papier in etwas stärkerer Qualität von beiden Seiten mit bunten Kerzenwachsresten ein. Dann schneiden sie den Buchstaben „Q“ aus. Diese Buchstaben werden dann ganz vorsichtig in ein Gefäß mit Wasser gelegt, so dass diese darauf schwimmen.

**Variation zur Entspannung / Meditation:** Wie oben; die Kinder sitzen um ein größeres Gefäß herum, das noch nicht mit Wasser gefüllt ist. Ein Kind nach dem anderen legt einen Gegenstand des Meeres, z.B. Muschel, Steine, kleine Glasscherbe, auf den Boden des Gefäßes. Danach gießt ein Kind nach dem andern Wasser hinein und legt die Buchstaben (Anzahl richtet sich nach Größe des Gefäßes) darauf. Während ein Kind ganz behutsam ein brennendes Teelicht auf den Papierbuchstaben legt, flüstern die anderen Kinder ganz leise gemeinsam im Chor „Qualle". Ruhige Musik kann eingespielt werden.

**Material**

- Papier, Schere, bunte Kerzenwachsreste
- Gefäß
- Muscheln, Steine, Glasnuggets u.ä
- evtl. Musik

R

# R – Riese

Mit offenen Armen hieß die Oberhexe ihre erschöpften Schüler willkommen.
„Oft benötigt ihr Ausdauer und Mut,
seht, was sich an eurem Zauberstab bereits tut.
Mutigen Schrittes geht voran,
so kommt ihr bald am Ziele an," sprach sie.

Die jungen Hexen und Zauberlehrlinge befinden sich in einem hohen Gebirge. Riesige Berge liegen vor euch. Plötzlich geht ein gewaltiges Zittern durchs Gestein. Von Fern erkennt ihr einen baumhohen Riesen. Er wütet auf der Bergspitze. Seine rohen, gigantischen Kräfte bringen die Natur zum Beben. **Vor lauter Angst könnt ihr euch nur noch mit steifen Gliedern vorwärts bewegen.** Zu diesem kraftstrotzenden Giganten im Fell müsst ihr hinauf. Es fröstelt euch. Die jungen Hexen und Zauberlehrlinge umklammern fest ihren Zauberstab.

Mittels eures Zauberstabes seid ihr nun ganz in der Nähe des Riesen. Sein Gesicht wirkt wie aus Stein gehauen. Langes, wildes, zotteliges Haar umhüllt es. Ein buschiger Bart lässt die dichten Augenbrauen noch gefährlicher wirken. Diesen Gesellen wollt ihr unter keinen Umständen erzürnen. **Doch seht ihr auch, wie er immer wieder etwas Glitzerndes in seine Behausung trägt. Eure Neugier ist geweckt. Was mag er dort wohl verbergen?** Der Zauberstab lässt euch auf Zwergengröße schrumpfen. Auf Zehenspitzen schleicht ihr mutig in die Gebirgshöhle hinein. Tatsächlich entdeckt ihr einen Schatz.

**Gut verschnürt liegen die Gegenstände vor euch.** Die jungen Hexen und Zauberlehrlinge brauchen ihr ganzes Geschick, um die verknoteten Kostbarkeiten zu enthüllen. Immer noch hört ihr das zornige Geschrei des Riesen. Doch er kann euch nichts mehr anhaben. Die jungen Hexen und Zauberlehrlinge sind bereits außer Reichweite und außer Gefahr.

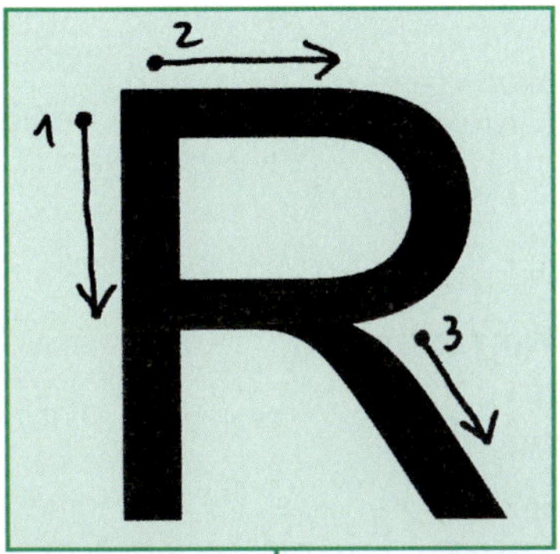

**„Stock – Steif"**

*Mit Zollstöcken, Stäben, Keulen etc. ein „R" legen und „stocksteif" daran entlang gehen.*

**„Glitzer – Schätze"**

*Aus Glitzerpapier den Anlaut „R" herstellen.*

**„Verpackungen"**

*Gegenstände mit dem Anlaut „R" wie z. B. Rollbrett, Regenschirm etc. mit Seilen, Wolle „verpacken"*

## „Stock – Steif"

... Vor lauter Angst könnt ihr euch nur noch mit steifen Gliedern vorwärts bewegen ...

### Förderschwerpunkt

- ✔ Kinästhetische Wahrnehmung / Körperschema / Körperspannung
- ✔ Raumorientierung
- ✔ Handlungsplanung

### Aufgabenbeschreibung / Didaktische Umsetzung

Die Kinder legen mit „starren" Materialien wie beispielsweise Zollstöcken, Gymnastikstäben, Keulen den Anlaut „R". Dann bewegen sie sich mit „steifen Gliedern" daran entlang.

### Material

- Zollstöcke, Keulen, Gymnastikstäbe etc.

# „Glitzer – Schätze“

... Doch seht ihr auch, wie er immer etwas Glitzerndes in seine Behausung trägt? Eure Neugier ist geweckt. Was mag er dort wohl verbergen? ...

**Förderschwerpunkt**

- ✔ Feinmotorik / Pinzettengriff
- ✔ Lateralität / Präferenzdominanz
- ✔ Auge-Hand-Koordination
- ✔ Taktile Wahrnehmung
- ✔ Taktil-Kinästhetische Wahrnehmung / Kraftdosierung

**Aufgabenbeschreibung / Didaktische Umsetzung**

Die Kinder stellen ein „kostbares“ „R“ her. Ein Papier- oder Pappbuchstabe wird mit bunten und glitzernden Papierresten, die die Kinder vorher klein geschnitten oder -gerissen haben, beklebt. Wer hat das glitzerndste „R“?

**Material**

- Pappe, Papier, Kleber
- bunte und glitzernde Papierreste, Bonbonpapier

## „Verpackungen“

... Gut verschnürt liegen die Gegenstände vor euch ...

### Förderschwerpunkt

- ✔ Taktil-Kinästhetische Wahrnehmung
- ✔ Feinmotorik
- ✔ Präferenzdominanz / Lateralität / Bilateralintegration
- ✔ Materialerfahrung

### Aufgabenbeschreibung / Didaktische Umsetzung

Die Kinder suchen sich kleine bis große Alltagsgegenstände im Raum, die mit dem Anlaut „R“ beginnen. Diese verpacken sie, je nach Größe, mit Seilen, Wolle, Kordel etc. wie ein Geschenk. Dabei soll so verpackt werden, dass von dem Gegenstand nicht mehr viel zu sehen ist.

### Material

Alltagsgegenstände, die mit dem Anlaut „R“ beginnen, wie Rollbrett, Reptil (Tierfigur), Regenschirm, Rucksack etc.

# S

# S – Siebenschläfer

In einem Eichenwald legt ihr eure nächtliche Rast ein. „Im Schlafe werdet ihr dem „Schläfer“ begegnen. Es muss am 27. Juni sein. Von Oktober bis Mai schläft er ganz im Vergessen. Sieben Monate könnt ihr ihn nicht antreffen. Achtet auf sein Fell – ist es nass, regnet´s ohne Unterlass. Sieben Wochen wird’s so sein, dies vorauszusagen mag das Tierchen nur allein,“ erinnern sich die jungen Hexen und Zauberlehrlinge an die Worte der Oberhexe. **Ein leichter Sommerregen setzt ein.**

Die Nacht bricht herein. Das kleine Nagetier namens Siebenschläfer verlässt seinen Unterschlupf. Durch seinen buschigen Schwanz ähnelt es ein wenig dem Eichhörnchen. **Der nachtaktive Nager wagt sich an die jungen Hexen und Zauberlehrlinge heran. Der Siebenschläfer huscht über eure schlafenden Körper hinweg.** Murmelnde und murksende Laute lassen euch erwachen. Der gefräßige Geselle hat eure Obstvorräte ausgemacht. Im Dunkeln ertastet er die Köstlichkeiten aus dem Rucksack. Der Siebenschläfer plündert fast eure gesamten Vorräte.

Gerade als ihr den Siebenschläfer packen wollt, verschwindet der schnelle Kletterer auf einem Ast. Nur noch seine großen Fledermausohren könnt ihr sehen. Doch immer wieder besucht das Nagetier eure Vorräte. Kaum haben die jungen Hexen und Zauberlehrling den kleinen Gesellen erblickt, ist er auch schon auf dem nächsten Baum verschwunden. **Dabei gibt er langgezogene trillernde Pfiffe von sich. Es dauert nicht lange und der Siebenschläfer ist nicht mehr alleine. Er hat seine Artgenossen mit seinen langen Pfiffen verständigt.** Diese bekunden ebenfalls großes Interesse an euren Obstvorräten. Kurz entschlossen verspeisen die jungen Hexen und Zauberlehrlinge die restlichen Früchte. Die großen, runden Augen der niedlichen Schlafmäuse weiten sich. Sie müssen sich nun mit den herumliegenden Samen, Knospen und Rinden zufrieden geben.

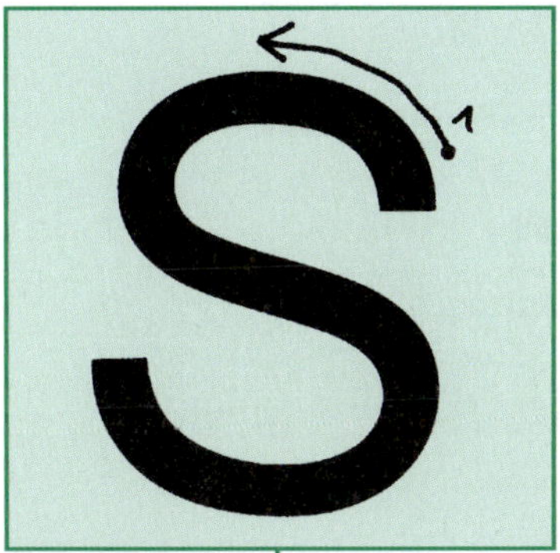

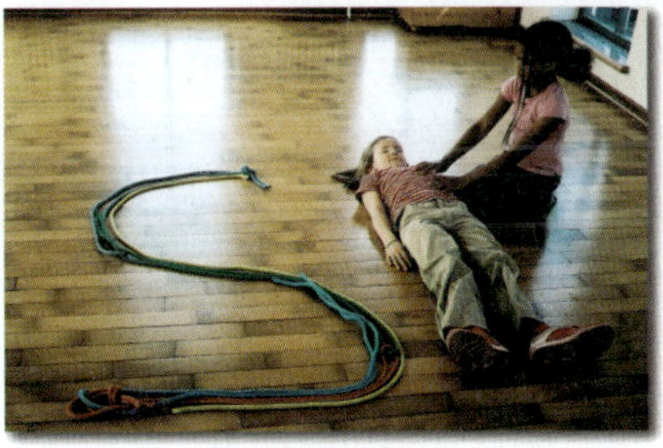

**„Sommerregen"**

*Mit Seilen ein „S" formen, sich daneben legen und den Sommerregen spüren*

**„Trillerpfeife"**

*Die Kinder folgen mit geschlossenen Augen jemandem, der mit einer Trillerpfeife durch den Raum geht*

**„Pinselstriche"**

*Mit verschiedenen Pinseln ohne Farbe den Buchstaben auf Hand und Arm „malen"*

## „Sommerregen“

... Ein leichter Sommerregen setzt ein ...

### Förderschwerpunkt

- ✔ Taktile Wahrnehmung
- ✔ Taktil-Kinästhetische Wahrnehmung
- ✔ Raumorientierung / Handlungsplanung
- ✔ Entspannung
- ✔ Sozialerfahrung

### Aufgabenbeschreibung / Didaktische Umsetzung

Partneraufgabe: Die Kinder legen mit Seilen den Buchstaben „S“ auf dem Boden aus. Kind A legt sich, je nach Größe, in das geschwungene „S“ oder daneben. Kind B massiert mit trommelnden Fingerspitzen den Rücken oder die Vorderseite des Körpers vom Partner und imitiert den Sommerregen. Musik kann eingespielt werden.

### Material

- Seilchen, evtl. Musik

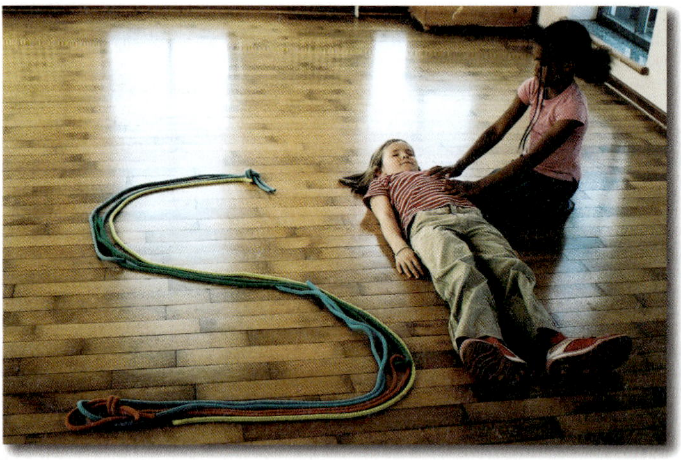

## „Pinselstriche“

... Der nachtaktive Nager wagt sich an die jungen Hexen und Zauberlehrlinge heran. Der Siebenschläfer huscht über eure schlafenden Körper hinweg ...

### Förderschwerpunkt

- ✔ Taktile Wahrnehmung
- ✔ Wortschatzerweiterung
- ✔ Entspannung
- ✔ Sozialerfahrung

### Aufgabenbeschreibung / Didaktische Umsetzung

Partneraufgabe: Zwei Kinder malen mit Pinsel und Wasserfarben ganz viele bunte „S“-Buchstaben auf ein großes Blatt Papier und benennen gegenseitig Begriffe, die mit dem Anlaut „S“ beginnen. Dann nimmt Kind A einen trockenen Pinsel und malt viele „S“-Pinselstriche auf Hand und Arm des Partners.

### Material

- Papier, Pinsel, Farbe
- Pinsel in verschiedenen Stärken

## „Trillerpfeife“

... Dabei gibt er lang gezogene trillernde Pfiffe von sich. Es dauert nicht lange, und der Siebenschläfer ist nicht mehr alleine. Er hat seine Artgenossen mit seinen langen Pfiffen verständigt ...

### Förderschwerpunkt

✔ Auditive Wahrnehmung / Richtungshören
✔ Auditives Gedächtnis

### Aufgabenbeschreibung / Didaktische Umsetzung

Ein Kind / Erwachsener erhält eine Trillerpfeife und geht eine vorgeschriebene Anzahl von Schritten durch den Klassenraum, über den Flur oder den Schulhof. Dann pfeift es einmal. Die anderen Kinder versuchen mit geschlossenen Augen dem Pfeifen zu folgen, ebenfalls in einer vorgeschriebenen Anzahl von Schritten. Wer zuerst den „Siebenschläfer“ erreicht, bekommt die Trillerpfeife etc.

### Material

- Trillerpfeife, evtl. Augebinden

T

# T – Tiger

Die größte aller Katzen begegnet den jungen Hexen und Zauberlehrlingen im Dschungel. Ihr seid im Revier des Tigers. Er liegt schlafend neben seiner gerissenen Beute, einer jungen Antilope. Das Fell des Tigers ist rötlich-braun-gelb mit senkrechten schwarzen Streifen. Sein Bauch ist weiß, so wie einige Stellen in seinem Gesicht. Die schöne Großkatze hat ihre Beute an einen sicheren Platz geschafft. Erst wenn der Tiger den letzten Bissen der Antilope gefressen hat, wird er erneut jagen. **Die jungen Hexen und Zauberlehrlinge erschrecken bei dem Anblick der langen Krallen des Tigers. Die mächtigen Krallen, die Kraft und die Größe des Tieres bewegen euch zur Vorsicht.** Ihr verwandelt euch mittels Zauberstab in Fliegen. Ungestört könnt ihr nun den Tiger studieren.

Mitten in der Nacht macht sich der getigerte Einzelgänger auf Beutezug. Im Halbdunkeln des Dschungels ist sein Gesicht praktisch unsichtbar. Nur seine grünen Augen funkeln hin und wieder in die Nacht hinein. Unabhängig voneinander bewegt er seine aufgerichteten Ohren. **Sein Orientierungshören ist eines seiner schärfsten Sinne.** So macht er seine Beute aus. Er liegt regungslos auf der Lauer. **Der Tiger versucht seine Beute ins Blickfeld zu bekommen. Sein ausgezeichnetes räumliches Sehvermögen erleichtert dies.** Ihr seht, wie sich ein Hirsch arglos nähert. Die Streifenzeichnung des Tigers tarnt ihn gut.

**Lautlos pirscht sich die Großkatze heran.** Sie bewegt sich äußerst langsam. Beinahe am Boden klebend bleibt sie unentdeckt. Eine günstige Entfernung ist erreicht. Nun sprintet das Raubtier los. Mit seinen mächtigen Pranken wird der Hirsch nieder geschlagen. Ein Biss in die Kehle tötet ihn. Auch ihr müsst euch etwas Essbares besorgen. Ihr wendet die Taktik des geschickten Jägers an. Zurück verwandelt und gut getarnt, legt ihr euch auf die Lauer. Am Ende der Nacht sind die Mägen der jungen Hexen und Zauberlehrlinge wieder gefüllt.

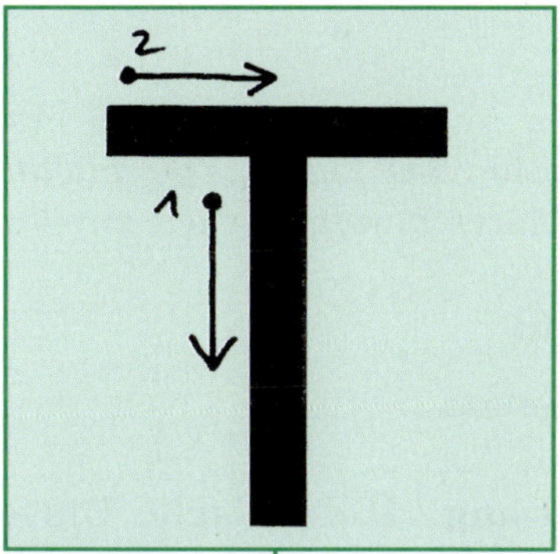

**„Tigerkrallen"**

*In Sand / Ton den Anlaut „T" mit Fingerspitzen malen*

**„Bodennähe"**

*Alltagsgegenstände im Raum suchen, deren Anlaut ein „T" ist*

**„Hören und Sehen"**

*Die Kinder sollen das leise Rufen des Wortes „Tiger" hören und sehen*

## „Tigerkrallen"

... Die jungen Hexen und Zauberlehrlinge erschrecken bei dem Anblick der langen Krallen des Tigers. Die mächtigen Krallen, die Kraft und die Größe des Tieres bewegen euch zur Vorsicht ...

### Förderschwerpunkt

✔ Taktile Wahrnehmung

### Aufgabenbeschreibung / Didaktische Umsetzung

Die Kinder malen mit ihren Fingerspitzen den Buchstaben „T" in ein mit Sand gefülltes Tablett.

**Variation:** Der Sand wird vorher von den Kindern mit Wasser vermischt.

**Tipp:** Kinder, die eine Berührung mit dem Sand vermeiden, dürfen mit einem umgedrehten Stift den Buchstaben malen.

### Material

- Sand, Tablett

## „Hören und Sehen“

... Sein Orientierungsvermögen ist eines seiner schärfsten Sinne. Der Tiger versucht seine Beute ins Blickfeld zu bekommen. Sein ausgezeichnetes räumliches Sehvermögen erleichtert es ihm ...

### Förderschwerpunkt

- ✔ Auditive Wahrnehmung
- ✔ Auditive Figur-Grund-Wahrnehmung
- ✔ Sprachgebrauch

### Aufgabenbeschreibung / Didaktische Umsetzung

Die Kinder sitzen im Klassenraum oder stehen im Raum verteilt. Kind A verlässt den Raum. Die anderen Kinder vereinbaren, wer das Wort „Tiger“ leise flüstert. Die anderen Kinder flüstern andere Tiernamen. Kind A soll nun versuchen, den Sprecher von „Tiger“ heraus zu hören. Dabei muss es sowohl genau hören, als auch genau die Lippenbewegungen der anderen beobachten. Es ist dabei wichtig, dass die Kinder mit übertriebener Mundmotorik sprechen.

### Material

- Ohne Material

## „Bodennähe“

... Lautlos pirscht sich die Großkatze heran. ...

### Förderschwerpunkt

- ✔ Vestibuläre Wahrnehmung
- ✔ Kinästhetische Wahrnehmung
- ✔ Visuelle Wahrnehmung / Visuelle Figur-Grund-Wahrnehmung
- ✔ Visuelle Gedächtnisfähigkeit

### Aufgabenbeschreibung / Didaktische Umsetzung

Im Raum verteilt liegen verschiedene Alltagsgegenstände, deren Anlaut ein „T“ ist. Die Gegenstände liegen nicht nur auf dem Boden, sondern auf dem Stuhl, auf der Fensterbank, im Regal etc. Die Kinder schleichen ganz leise durch den Raum, und versuchen die „Beute“ zu finden.

**Variation für die Turnhalle:** Eingebettet in eine Bewegungslandschaft, müssen die Kinder so leise wie möglich klettern, springen etc., um die Gegenstände zu finden.

**Variation:** Partneraufgabe: Kind A versteckt 5 Gegenstände, die Kind B finden muss. Dieser merkt sich die Gegenstände und benennt sie Kind A, sobald alle Gegenstände gefunden wurden.

### Material

- Diverse Gegenstände, die mit dem Anlaut „T“ beginnen

### Für die Turnhalle

- Matten, Kästen, Seile, Sprossenwand... für eine Bewegungslandschaft

# U

# U – Uhu

Die Oberhexe strahlte die jungen Hexen und Zauberlehrlinge freudig an:

„Ihr seid bereits weit gekommen,
habt enorm viel Zauberkraft mit genommen.
Erlerntes und erlebtes Wissen hat sich gewandelt,
in Weisheit sich verwandelt.
Geht nun weiter mit Vertrauen und Achtsamkeit,
die nächste Kraft kommt in der Dunkelheit.“

Stockfinster ist es um euch herum. Ihr könnt die Hand vor Augen nicht sehen. „Buoh-buoh-buoh“ tönt es dumpf und durchdringend durch die Nacht. „Huh-huh“ tönen nun weichere und deutliche zweisilbige Rufe zurück. Ein Uhu Männchen verständigt sich mit seinem Weibchen. **Die beiden bleiben in eheähnlichen Verhältnissen ein Leben lang zusammen. Ihr könnt keinen von beiden ausmachen.** Nur das Heulen der Uhus ist zu vernehmen. Akustisch hört ihr die Eulen gut, doch trotz Taschenlampe scheinen sie wie von der Dunkelheit verschluckt. Die Nachtgreifvögel sind Meister der Tarnung.

Ein Mäuschen wuselt vor euren Füßen im Blätterwerk. Kaum habt ihr es überhaupt wahr genommen, ist es bereits in den Krallen bewehrten Greiffüßen des Uhus verschwunden. **Mit ihren Tubular-Augen kann die Eule kleinste Lichtmengen optisch verstärken. Keine Bewegung entgeht ihr in der Dunkelheit.**

Ihr habt sie überhaupt nicht gehört. Das seidenweiche Gefieder des Uhus lässt einen absolut lautlosen Flug zu. Seine Flügelspannweite erinnert die jungen Hexen und Zauberlehrlinge eher an einen Steinadler, als an eine Eule. Die imposante, Respekt einflößende, braungefleckte Erscheinung verschwindet so schnell, wie sie gekommen ist. **Der König der Nacht bleibt unauffindbar. Er hat sich in die Stille zurückgezogen.**

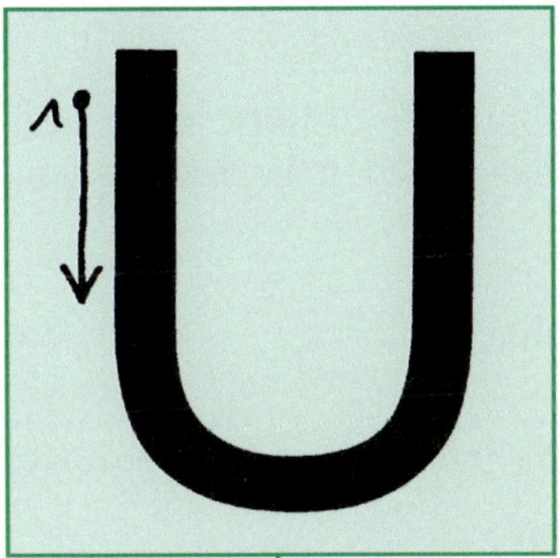

**„Zweisamkeit"**

*Zwei Kinder sind mit einem Seil / Chiffontuch am Hand- oder Fußgelenk verbunden und gehen über ein auf den Boden gelegtes „U" entlang*

**„Bewegungslos"**

*Die Kinder sitzen auf Stühlen in U-Form und reichen hinter ihrem Rücken mit wenig Körperbewegung ein Stofftier weiter*

**„Lautlos"**

*Die Kinder rufen durcheinander „Uhu!" Auf ein Zeichen hin sind alle sofort leise.*

## „Zweisamkeit“

... Ein Uhu Männchen verständigt sich mit seinem Weibchen. Die beiden bleiben in eheähnlichen Verhältnissen ein Leben lang zusammen ...

### Förderschwerpunkt

- ✔ Sozialerfahrung
- ✔ Kinästhetische Wahrnehmung / Körperorientierung
- ✔ Körperschema
- ✔ Raumorientierung / Raumwahrnehmung

### Turnhalle

- ✔ Materialerfahrung

### Aufgabenbeschreibung / Didaktische Umsetzung

Partneraufgabe: Die Kinder kleben mit Kreppband oder legen mit einem dicken Seil einen ganz großen Buchstaben „U“ auf den Boden. Dann verbinden sich beide mit einem Seil an den Hand- oder Fußgelenken und versuchen, gemeinsam den Buchstaben zu begehen.

**Variation für die Turnhalle:** Wie oben; aus vielfältigen Materialien ein „U“ legen, so dass daraus eine „Erlebnisbahn“ entsteht.

### Material

- Kreppband, dicke Seile

### Für die Turnhalle

- Verschiedene Materialien wie Seile, Sandsäckchen, Tücher, Teppichfliesen, Bierdeckel, Zeitungen u.ä.

## „Bewegungslos"

... Mit ihren Tubular Augen kann die Eule kleinste Lichtmengen optisch verstärken. Keine Bewegung entgeht ihr in der Dunkelheit ...

### Förderschwerpunkt

- ✔ Propriozeptive Wahrnehmung
- ✔ Körperorientierung
- ✔ Visuelle Wahrnehmung
- ✔ Sozialerfahrung

### Aufgabenbeschreibung / Didaktische Umsetzung

Die Stühle werden in U-Form aufgestellt. Die Kinder erhalten ein Stofftier (Uhu), das sie so bewegungslos wie möglich hinter ihrem Rücken weitergeben. Ein ausgewähltes Kind muss erraten, hinter welchem Rücken sich der Uhu gerade befindet.

### Material:

- Stofftier

## „Lautlos“

... Der König der Nacht bleibt unauffindbar. Er hat sich in die Stille zurück gezogen ...

### Förderschwerpunkt

- ✔ Reaktion
- ✔ Visuelle Wahrnehmung
- ✔ Sprachgebrauch

### Aufgabenbeschreibung / Didaktische Umsetzung

Die Kinder sitzen im Klassenraum. Sie sprechen gemeinsam das Wort „Uhu“ im Chor. Auf ein vereinbartes Zeichen, das ausschließlich nonverbal über Mimik oder Gestik von der Lehrerin gegeben wird, sind alle Kinder sofort ganz still.

### Material

- Ohne Material

# V

# V – Vogel

**Mit fröhlichem Gezwitscher bricht der neue Tag für die jungen Hexen und Zauberlehrlinge an. Die schöne Stimme der Lerche weckt euch.** Zwischendrin ist das Krächzen einer Krähe zu vernehmen. Über eure Köpfe hinweg fliegt ein Schwarm Singdrosseln. Ein Kolibri streift um die Blumen herum. Kleine, freche Spatzen holen sich die Reste eures Frühstückes. Sie picken die wenigen Brotkrümel geschwind auf.

Die Welt scheint heute für die jungen Hexen und Zauberlehrlinge nur aus gefiederten Gesellen zu bestehen. **Die Vögel tragen die verschiedenartigsten Federn am Körper. Sie schützen und wärmen sie. Die vielseitige Färbung beeindruckt euch.** Vor allem die Männchen zeigen sich in ihrer ganzen Farbenpracht. Die gefiederten Wirbeltiere sind die reinsten Flugakrobaten. Durch ihre hohlen, lufthaltigen Knochen fällt ihnen das Fliegen leicht. Die jungen Hexen und Zauberlehrlinge beneiden sie. Wie gerne würden sie auch durch die Lüfte gleiten. „Warum eigentlich nicht, man lernt am Besten durch eigene Erfahrung. Wir können uns doch mit dem Zauberstab in Vögel verwandeln. So spüren wir das Flugvermögen am eigenen Körper." Die anderen jungen Hexen und Zauberlehrlinge können der Begeisterung der jungen Hexe nichts entgegensetzen. Kurz um, die Haut verschwindet und Federn umhüllen euren Körper.

Nach einem ausgesprochen tollen Flugerlebnis versuchen die jungen Hexen und Zauberlehrlinge, wieder fest auf ihren Beinen zu landen. Ihr seid immer noch kleine Vögel. **Begeistert stellt ihr fest, dass ihr als Vogel einen ausgesprochen guten Gleichgewichtssinn habt. Die Landung auf einem kleinen Ast gelingt sofort.** In einem Vogelnest liegen weiße Eier. Ihr fliegt weiter. Ein neues Nest erweckt eure Neugier. In diesem Nest sind die Eier helltürkis mit schwarzen Punkten. Es ist das Nest der Singdrossel.

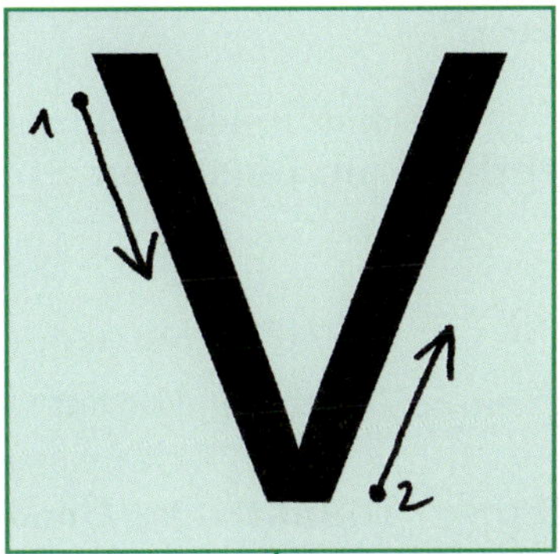

**„Vogelgezwitscher"**

*Die Kinder versuchen die Richtung, aus der sie Vogelgezwitscher hören, zu erkennen*

**„Vogel – V"**

*Aus Papier/Pappe ein „V" ausschneiden und mit Federn bekleben*

**„Vogel – Sitz"**

*Die Kinder sitzen auf einem schmalen Gegenstand und halten dabei das Gleichgewicht*

## „Vogelgezwitscher"

... Mit fröhlichem Gezwitscher bricht der neue Tag für die jungen Hexen und Zauberlehrlinge an. Die schöne Stimme der Lerche weckt euch ...

### Förderschwerpunkt

✔ Auditive Wahrnehmung / Richtungshören

### Aufgabenbeschreibung / Didaktische Umsetzung

Die Kinder sitzen auf dem Boden oder pihrem Stuhl, legen ihren Kopf auf den Schultisch und schließen ihre Augen. Die Lehrerin versucht verschiedene Melodien zu pfeifen. Dabei wechselt sie ihren Standort im Raum. Die Kinder zeigen mit ihrer Hand in die Richtung, aus der sie das „Vogelgezwitscher" hören.

### Material

- Ohne Material, evtl. Vogelpfeifen

# „Vogel – V“

... Die Vögel tragen die verschiedenartigsten Federn am Körper. Sie schützen und wärmen sie. Die vielseitige Färbung beeindruckt euch ...

**Förderschwerpunkt**

- ✔ Taktile Wahrnehmung
- ✔ Lateralität / Pinzettengriff / Präferenzdominanz
- ✔ Auge-Hand-Koordination

**Aufgabenbeschreibung / Didaktische Umsetzung**

Die Kinder schneiden aus Pappe oder Papier den Buchstaben „V“. Diesen bekleben sie mit verschiedenen Federn.

**Material**

- Papier, Pappe, Schere
- Verschiedene Federn

## „Vogel – Sitz“

... Begeistert stellt ihr fest, dass ihr als Vogel einen ausgesprochen guten Gleichgewichtssinn habt. Die Landung auf einem Ast gelingt sofort ...

**Förderschwerpunkt**

- ✔ Vestibuläre Wahrnehmung
- ✔ Propriozeptive Wahrnehmung / Körperspannung
- ✔ Handlungsplanung
- ✔ Raumwahrnehmung

**Aufgabenbeschreibung / Didaktische Umsetzung**

Die Kinder suchen sich Gegenstände im Klassenraum, im Flur, auf dem Schulhof, in der Turnhalle, auf denen sie balancieren können. Spielregeln aufstellen!

**Variation für die Turnhalle:** Die Kinder erhalten die Aufgabe, einen Parcour zu bauen, der ausschließlich „V“-förmige Balanciermöglichkeiten bietet. Z.B. 2 Turnbänke, dickes Tau, Kästen, Matten etc.

**Material**

- Materialien im Raum

**Für die Turnhalle**

- Matten, Kästen, Taue, 2 Turnbänke etc.

W

# W – Wurm

Es hat geregnet. Die Erde ist nass und matschig. Die jungen Hexen und Zauberlehrlinge kommen über eine Wiese. Einem Zauberlehrling fällt aus Versehen ein harter spitzer Gegenstand aus dem Rucksack. Er fällt direkt auf die durchnässte Wiese. Beim Aufheben des Gegenstandes sieht er das Dilemma. Sein scharfer Gegenstand hat einen Regenwurm geteilt. Schnell will er ihn dank seiner Zauberkraft wieder zusammenfügen. Eine junge Hexe hält ihn zurück. „Halt, wir dürfen nicht einfach so in die Natur eingreifen." Ihr schaut euch den Regenwurm genau an. „Du brauchst dich nicht sorgen, er wird sich erholen. Der vordere Körperteil wird sich regenerieren. Er ist überlebensfähig, sein Darm ist noch lang genug" stellt ihr fest. **Der Regenwurm kriecht mit einer wellenförmigen Bewegungen davon. Dies geschieht durch das abwechselnde Strecken und Zusammenziehen einzelner Körperabschnitte.**

**Die Wiese ist verdammt glitschig. Die Regengüsse der letzten Stunden haben den Boden total aufgeweicht.** Immer wieder rutscht ihr aus. Auf der Wiese tummeln sich die Regenwürmer. Sie kommen aus ihren unterirdischen Gängen gekrochen. Das viele Wasser zwingt sie dazu. Ansonsten würden sie ersticken. Sie atmen durch die Haut. Der nackte, feuchte, schleimige Wurm hat keine Schwierigkeiten mit seiner Fortbewegung. Ihr untersucht ihn genau. Wieso glitscht er nicht ständig ab? Was verhindert das Zurückrutschen des Regenwurms? Ihr findet die Lösung. Chitinborsten helfen ihm beim Kriechen. Sie bohren sich in die Erde. Die jungen Hexen und Zauberlehrlinge holen ihre Spikes aus den Rucksäcken und machen es dem Wurm nach.

Unser reger Freund frisst sich weiter neue Gänge durch die Erde. Er belüftet und düngt das Erdreich. **Dabei kann er Temperaturen, Licht und Berührungen wahrnehmen. Seine Reizwahrnehmung ist ausgesprochen gut.** Die jungen Hexen und Zauberlehrlinge sind beeindruckt.

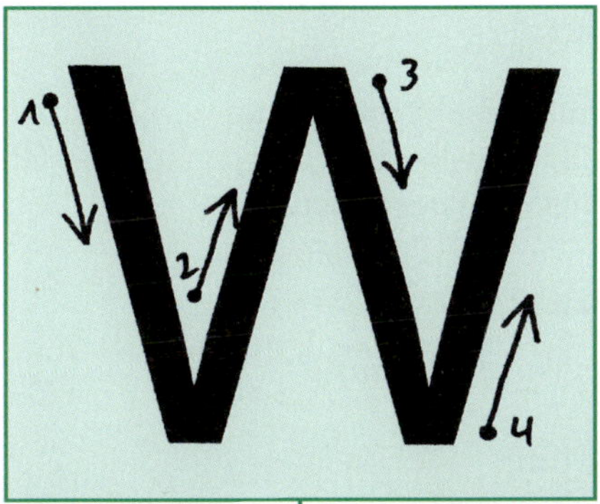


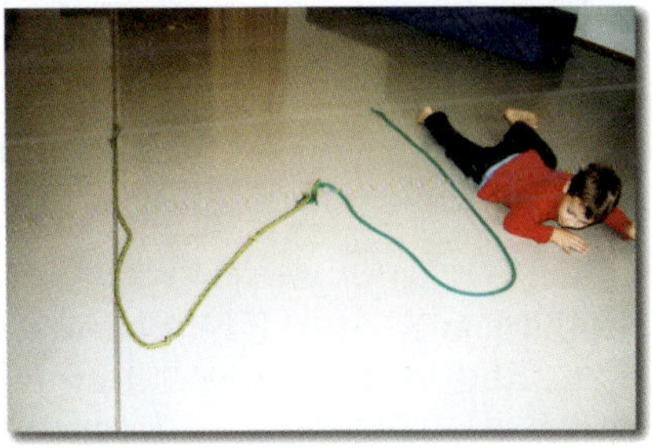

**„Wurm – Linien“**

*Mit Seilen ein “W” legen und wie ein Wurm sich daran entlang schlängeln*

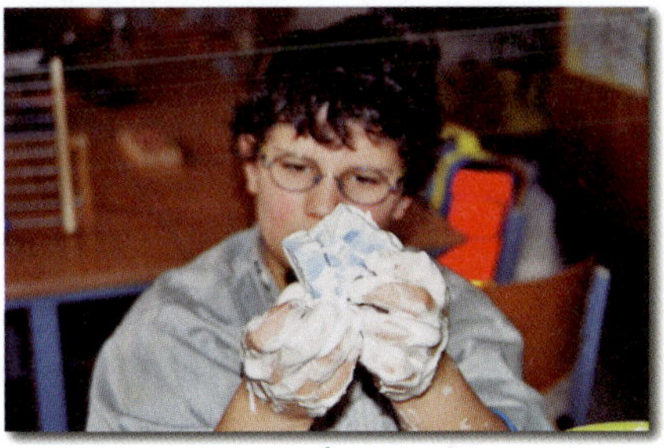

**„Glitschig“**

*Aus einer Schüssel mit Rasierschaum den Anlaut „W“ herausfinden*

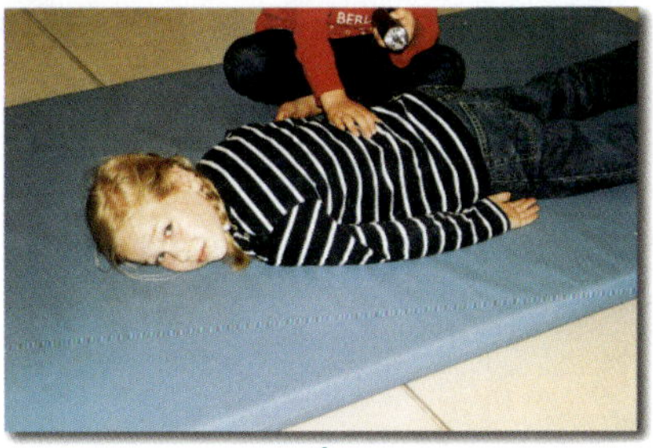

**„Sinnes – Reich“**

*Eine Berührung wahrnehmen und einen Lichtschein erkennen*

## „Wurm – Linien“

... Der Regenwurm kriecht mit einer wellenförmigen Bewegung davon. Dies geschieht durch das abwechselnde Strecken und Zusammenziehen einzelner Körperabschnitte ...

### Förderschwerpunkt

- ✔ Kinästhetische Wahrnehmung
- ✔ Körperschema
- ✔ Körperorientierung
- ✔ Taktile Wahrnehmung

### Aufgabenbeschreibung / Didaktische Umsetzung

Die Kinder legen oder kleben ein ganz großes „W“ auf den Boden. Dann versuchen sie, sich wie ein Wurm in kriechender Weise daran entlang zu schlängeln. **Variation:** Mit geschlossenen Augen die Form mit den Händen oder Füßen abtasten.

**Variation für die Turnhalle:** Mit Zollstöcken oder Kreppband ein riesengroßes „W“ legen/kleben. Mit einem Rollbrett daran entlang fahren.

**Variation:** Mit Kreppband den Buchstaben kleben. Die Kinder fahren mit geschlossenen Augen das „W“ entlang, indem sie über das Tasten mit den Händen die Form erfühlen.

### Material

- Seile, Zollstökke, Bierdeckel, Kreppband

### Für die Turnhalle

- Rollbrett

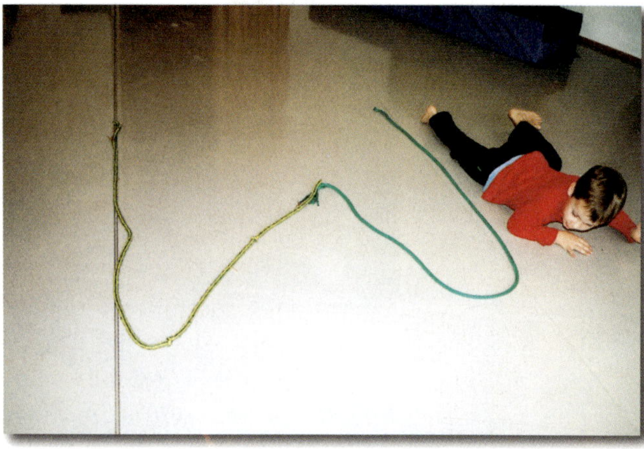

## „Glitschig“

... Die Wiese ist verdammt glitschig. Die Regengüsse der letzten Stunden haben den Boden total aufgeweicht ...

### Förderschwerpunkt

- ✔ Taktile Wahrnehmung
- ✔ Propriozeptive Wahrnehmung
- ✔ Visuelle Figur-Grund-Wahrnehmung

### Aufgabenbeschreibung / Didaktische Umsetzung

In einem Gefäß (Eimer, Schüssel) befinden sich aus Schaumstoff oder Moosgummi verschiedene Anlaute. Diese werden mit Rasierschaum und Wasser vermischt. Die Kinder versuchen nun durch fühlen und betasten im Rasierschaum den Buchstaben „W“ heraus zu finden.

**Variation:** Je nach Lernstufe befinden sich alle bekannten Anlaute in der Schüssel. Die Kinder vergleichen den Buchstaben, den sie finden, mit den auf dem Tisch liegenden laminierten Buchstabenkärtchen. Diesen Buchstaben versuchen sie zu benennen.

### Material

- Gefäß (Eimer, Schüssel), Rasierschaum
- Buchstaben aus Moosgummi, Schaumstoff

## „Sinnes Reich“

... Dabei kann er Temperaturen, Licht und Berührungen wahrnehmen. Seine Reizwahrnehmung ist ausgesprochen gut ...

### Förderschwerpunkt

- ✔ Taktile Wahrnehmung
- ✔ Visuelle Wahrnehmung / Visuelle Figur-Grund-Wahrnehmung
- ✔ Raumorientierung

### Aufgabenbeschreibung / Didaktische Umsetzung

Partneraufgabe: Kind A sitzt / liegt mit geschlossenen Augen in einer ruhigen und abgedunkelten Ecke des Raumes. Kind B erhält eine Taschenlampe. Dieser berührt Kind A ganz sanft an einer Körperstelle. Sobald A dies wahrnimmt, öffnet es die Augen und sucht die Stelle im Raum, die B mit seiner Taschenlampe anleuchtet.

### Material

- Taschenlampe

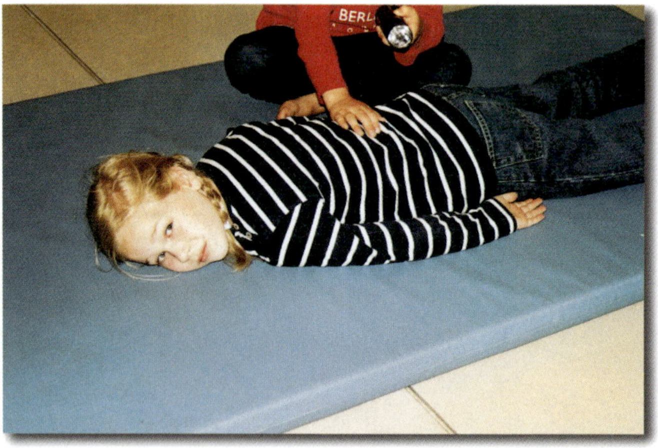

# X

# X – Xanti

Eine kleine elfenhafte Gestalt gebietet euch Halt. „Ich bin der Wächter des Weges. Wer seine Wanderung hier fortsetzen will, muss sich erst als würdig erweisen.“ Die jungen Hexen und Zauberlehrlinge sind erstaunt. Das kleine Wesen will euch am Weitergehen hindern. Eine unsichtbare Wand ist vor euch aufgebaut. Ihr holt eure Zauberstäbe hervor. Diese besitzen jetzt bereits eine enorme Zauberkraft. Ihr versucht die durchsichtige Mauer zu durchbrechen. Es gelingt euch nicht. „Keine Zauberkraft kann diesen unsichtbaren Stahlvorhang heben. Ich allein darf und kann ihn öffnen. **Doch zuvor müsst ihr mich mit Namen nennen! Ein X gebe ich euch vor. Die anderen Buchstaben finden sich um euch herum,“** erklärt die helle Gestalt. Verunsichert schauen die jungen Hexen und Zauberlehrlinge sich an. Ein Zauberlehrling rutscht auf einer Bananenschale aus. Eine junge Hexe findet das kaputte Horn eines Nashorns. Eine abgebrochene Tigerkralle liegt herum. Zu guter Letzt verletzt sich einer von euch an den Stacheln eines Igels. Ihr setzt folgenden Namen zusammen: „XBHKNST“! Die Gestalt mit dem langen Gewand schüttelt stumm den Kopf. „Na klar, wir sind doch im Tierreich. Wir müssen die dazugehörigen Tiere benennen. Du bist ein XANTI!“ „Wohl wahr,“ bestätigt das Xanti eure Einsicht.

„Ihr wisst nun meinen Namen. **Doch die Tiere, die euch dazu bringen, sollt ihr nicht nur benennen. Ihr müsst auch ihren Fußabdruck kennen.** Wie sieht die Spur des Affen, des Nashorn, des Tigers und des Igels aus?“, gibt sich Xanti nicht zufrieden. Ihr schnappt euch einen Stock und ritzt die Spuren in den Waldboden.

Nun will ich euch die letzte Aufgabe stellen. Schaut gut hin. Viele Tiere sind um die jungen Hexen und Zauberlehrlinge herum. Groß und klein. **Nach wenigen Sekunden fragt Xanti: „Eines ist verschwunden. Sagt mir, welches Tier habt ihr nicht mehr gefunden? So hebe ich den Vorhang.“ „Der Wurm ist weg!“ ruft eine junge Hexe schnell.** Zufrieden lässt euch Xanti passieren.

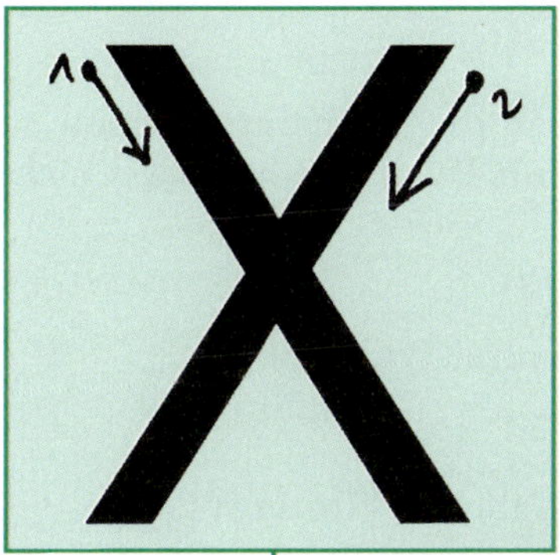

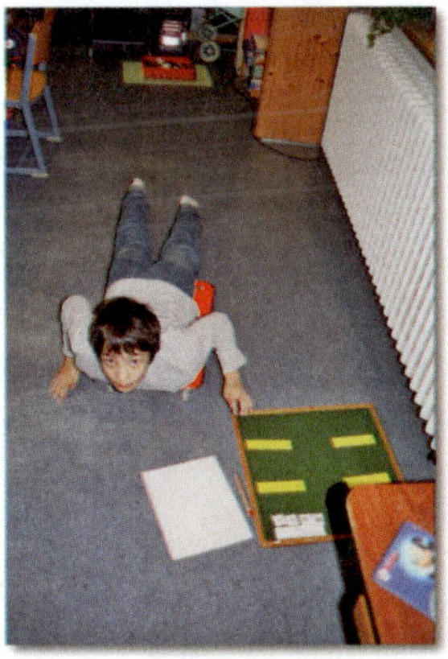

**„Xanti“**

*Abbildungen erkennen und den Anlaut zuordnen*

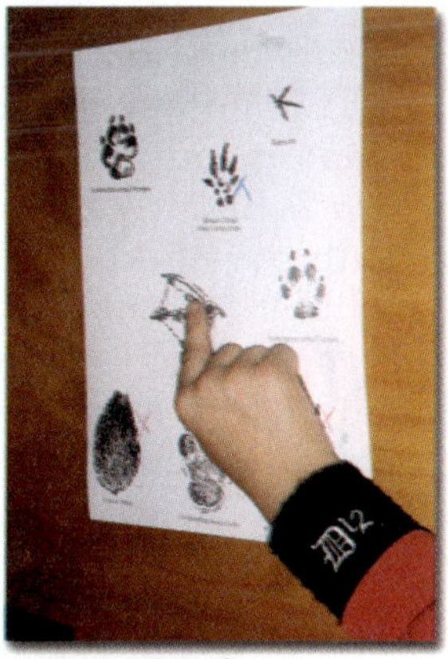

**„Spurensuche“**

*Aufgemalte Tierspuren erkennen, benennen und wieder erkennen*

**„Wer fehlt?“**

*Tiere aus dem Buchstabenland benennen und sich merken können*

## „Xanti“

... Doch zuvor müsst ihr mich mit Namen nennen. Ein X gebe ich euch vor. Die anderen Buchstaben finden sich um euch herum ...

### Förderschwerpunkt

- ✔ Visuelle Figur-Grund-Wahrnehmung
- ✔ Visuelles Gedächtnis / Merkfähigkeit
- ✔ Taktile Wahrnehmung
- ✔ Bild-Laut-Buchstabe-Zuordnung

### Aufgabenbeschreibung / Didaktische Umsetzung

Auf einem Holzbrett liegen Kärtchen, auf denen verschiedene Abbildungen zu erkennen sind. Der Anlaut dieser Abbildung soll erkannt, benannt und sich gemerkt werden. In einem Abstand von ca. 4 Metern befindet sich ein Korb mit Kastanien, in dem verschiedene Anlaute versteckt sind. Das Kind überwindet diese Strecke mit dem Rollbrett, sucht sich den passenden Buchstaben heraus und legt ihn dann auf der gegenüber liegenden Seite zu der entsprechenden Abbildung. Je nach Lernstufe kann das Kind die Synthese bilden und in der Reihenfolge der Anlaute das Wort benennen.

### Material

- Bildkärtchen mit deutlich erkennbaren Abbildungen
- Korb, Kastanien o.ä. Materialien
- Rollbrett

## „Spurensuche"

... Doch die Tiere, die euch dazu bringen, sollt ihr nicht nur benennen. Ihr müsst auch ihren Fußabdruck kennen ...

### Förderschwerpunkt

- ✔ Visuelle-Figur-Grund-Wahrnehmung
- ✔ Visuelles-Gedächtnis

### Aufgabenbeschreibung / Didaktische Umsetzung

Auf die Tafel werden verschiedene Umrisse von ca. 3-5 Tierspuren gemalt. Die Kinder erhalten eine Kopie, auf der ca. 5-8 verschiedene Tierspuren abgebildet sind. Die Kinder sollen nun auf ihrem Blatt die Tierspuren ankreuzen, die sie auf der Tafel wieder erkennen. **Variation:** Die an der Tafel abgebildeten Tierspuren sollen sich die Kinder merken. Mit einem Tuch werden diese verdeckt. Wie viele Spuren kann sich das Kind merken?

**Variation für die Turnhalle:** Die Kinder fahren mit dem Rollbrett durch verschiedene „Höhlen“ (Tunnel) in der Turnhalle und finden Zettel mit Tierspuren. Diese müssen sie sich merken, und an einer anderen Stelle wieder erkennen.

**Variation für den Schulhof:** Wie oben; mit Straßenkreide Tierspuren auf den Boden malen.

## Material

- Aufgemalte Tierspuren auf Papier

## Für die Turnhalle

- Rollbrett
- Materialien zum Bauen von „Höhlen/Tunnel

## Für den Schulhof

- Straßenmalkreide

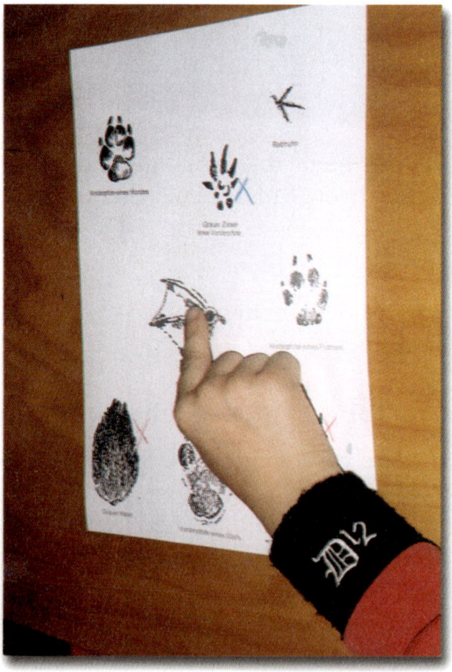

## „Wer fehlt?“

... Sagt mir, welches Tier habt ihr nicht mehr gefunden? So hebe ich den Vorhang. „Der Wurm ist weg!“ ruft eine junge Hexe ...

**Förderschwerpunkt**

- ✔ Visuelle Wahrnehmung
- ✔ Visuelles Gedächtnis / Merkfähigkeit
- ✔ Visuelle-Figur-Grund-Wahrnehmung
- ✔ Wortschatzerweiterung

**Aufgabenbeschreibung / Didaktische Umsetzung**

Vor den Kindern werden 5-8 Tiere aus dem „Buchstabenland“ aufgestellt. Die Kinder schauen sich diese an, versuchen sie zu benennen (vielleicht können sie sich noch an die besonderen Eigenschaften des jeweiligen Tieres erinnern) und sich zu merken. Dann werden diese mit einem Tuch verdeckt und ein Tier daraus wird weg genommen. Die Kinder sollen heraus finden, welches Tier fehlt.

**Material**

- Verschieden Stoff-, Holz-, Gummitiere

# Y

# Y – Yak

Der Weg der jungen Hexen und Zauberlehrlinge führt hinauf ins Hochland. In etwa 2000 m Höhe entdeckt ihr eine laut grunzende Yakherde. Die Hochgebirgsrinder bewegen sich sicher über einen schmalen Gebirgspfad. Der Leityak klettert voraus. Gemächlich bahnt sich die Herde ihren Weg durch den schneebedeckten Pfad. **Klug setzen die Tiere ihre Füße in die Spuren des Tieres, das ihnen voraus geht. Auch den jungen Hexen und Zauberlehrlingen fällt das Vorankommen schwer. Sie folgen dem Beispiel der Hochlandtiere.**

Erst in 3000 m Höhe weiden die Grunzochsen. Ihre langen schwarzen Haarfransen schützen sie vor der Kälte. **Den jungen Hexen und Zauberlehrlingen macht die dünne Luft zu schaffen. Auch sind ihre Rucksäcke zu schwer.** Der Yak bietet sich als Lastentier an. Ihre Rucksäcke landen auf dem Rücken eines Tieres. Der Yak kann hohe Lasten transportieren, denn er ist ein hervorragendes Tragetier. An die Höhe ist er angepasst. Sein Lebensraum sind die Bergweiden in 3000 – 4000 m Höhe.

Nun erreicht ihr die noch höher gelegenen Gebirgsregionen. Es herrscht eine beißende Kälte. Die raue Witterung macht den jungen Hexen und Zauberlehrlingen zu schaffen. Sie haben kein schützendes Zelt mitgenommen. Der Yak ist durch seine schwarze lange und dichte Behaarung kälteunempfindlich. Ihr reibt euch die vor Kälte steifen Finger. „Wir müssen uns eine warme Behausung zaubern!“, fordert ein Zauberlehrling. „Das dürfen wir nicht. Wir dürfen nur zaubern, um ein Tier besser zu studieren.“ „Willst du etwa erfrieren?“, gibt der Zauberlehrling nicht auf. Die junge Hexe winkt ihn heran. **„Sieh, die Rinder legen sich zur Ruhe. Wir müssen uns dicht zu ihnen legen. Ihre massigen, behaarten Körper werden uns wie ein warmer Umhang schützen.“** Damit gibt sich der Zauberlehrling zufrieden.

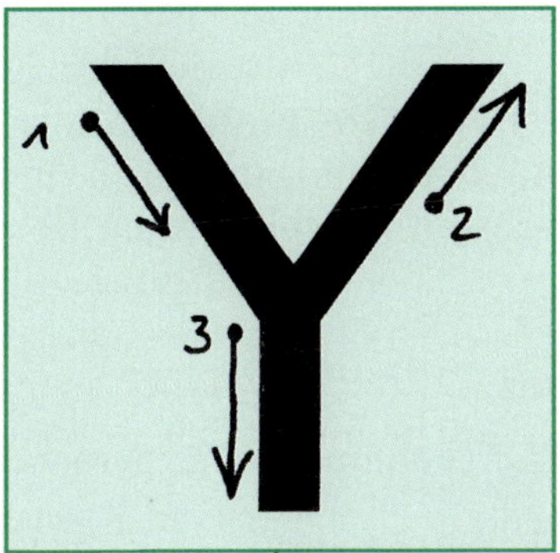

**„Yak-Marsch"**

*Vorwärts gehen in der Gruppe und dabei in den Fußtritt des Vorgängers treten*

**„Dünne Luft"**

*Auf die drei Endpunkte eines ausgelegten „Y" legen und sich zu dritt eine Feder oder einen Tischtennisball zu pusten*

**„Ypsilon"**

*Die Kinder legen sich ganz dicht zusammen und legen mit ihren Körpern ein „Y"*

## „Yak-Marsch“

... Klug setzen die Tiere ihre Füße in die Spuren des Tieres, das ihnen voraus geht. Auch den jungen Hexen und Zauberlehrlingen fällt das Vorankommen schwer. Sie folgen dem Beispiel der Hochlandtiere ...

### Förderschwerpunkt

- ✔ Kinästhetische Wahrnehmung / Körperschema
- ✔ Handlungsplanung
- ✔ Vestibuläre Wahrnehmung / Raumorientierung
- ✔ Visuelle Wahrnehmung / Visuelle Figur-Grund-Wahrnehmung
- ✔ Sozialerfahrung

### Aufgabenbeschreibung / Didaktische Umsetzung

Die Kinder legen sich mit Bierdeckeln einen Weg von einer Seite des Raumes/Flures zur anderen. Dann begibt sich eine Gruppe von Kindern (Anzahl abhängig von Raumgröße) auf den Weg. Ein Kind führt die Gruppe an und bestimmt, welche Bierdeckel benutzt werden dürfen. Die anderen nehmen genau dieselben, um auf die anderen Seite zu gelangen.

### Material

- Bierdeckel, Teppichfliesen

# „Dünne Luft“

... Den jungen Hexen und Zauberlehrlingen macht die dünne Luft zu schaffen. Auch sind ihre Rucksäcke zu schwer ...

## Förderschwerpunkt

✔ Taktil-Kinästhetische Wahrnehmung
✔ Raumorientierung
✔ Handlungsplanung
✔ Visuelle Wahrnehmung
✔ Atmung
✔ Sozialerfahrung

## Aufgabenbeschreibung / Didaktische Umsetzung

Die Kinder legen oder kleben den Anlaut „Y“ auf den Boden. Dann legen sich 3 Kinder jeweils auf einen Eckpunkt des Buchstabens, so dass sie sich anschauen können. Sie versuchen sich Federn oder Tennisbällen zu zupusten.

## Material

- Seile, Klebeband
- Federn, Watte, Tischtennisbälle

## „Ypsilon“

... „Sieh, die Rinder legen sich zur Ruhe. Wir müssen uns dicht zu ihnen legen. Ihre massigen, behaarten Körper werden uns wie ein warmer Umhang schützen.“ ...

**Förderschwerpunkt**

✔ Taktil-Kinästhetische Wahrnehmung
✔ Sozialerfahrung

**Aufgabenbeschreibung / Didaktische Umsetzung**

Die Kinder legen mit ihrem Körper den Buchstaben „Y“. Dabei liegen sie so dicht beieinander, dass sie die Wärme des anderen spüren.

**Material:**

- Ohne Material

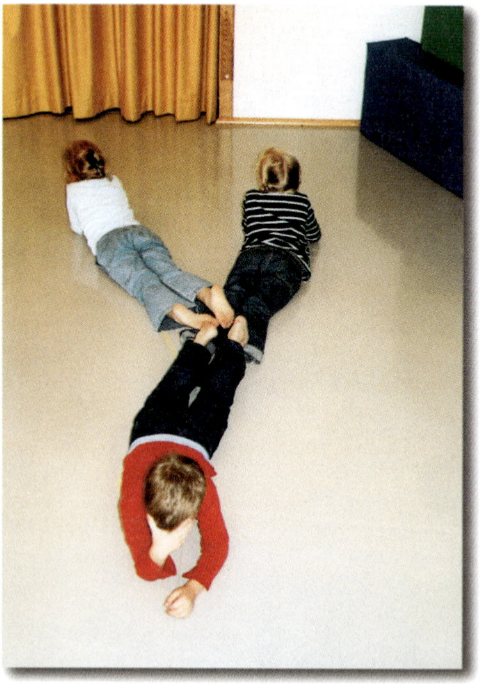

# Z

# Z – Zebra

Die jungen Hexen und Zauberlehrlinge ritzen mit einem Stock den Buchstaben „Z“ in den Waldboden. Schwupps, sind sie auch schon in einer afrikanischen Savanne. Dort seht ihr Tiere, die dem Pferd ähnlich sind. Doch ihr auffälliges Streifenmuster unterscheidet sich eindeutig von einem Pferd. Die jungen Hexen und Zauberlehrlinge erblicken die Zebras. Die schwarz-weißen Streifen bieten aus der Entfernung eine gute Tarnung in der flimmernden Luft. **Zudem erkennen die Zebras ihre Sippenmitglieder an der unterschiedlichen Streifenzeichnung.**

Ihr beobachtet, wie sich die Zebras zu Verbänden zusammenschließen. Gemeinsam fressen Sie Gras und Kräuter. **Dann gehen sie ihrer Fellpflege nach. Zwei Zebras stehen parallel zueinander. Sie bearbeiten die Körperteile, die ein Zebra nicht selbst erreichen kann.** Ihr Sozialverhalten ist ausgesprochen gut. Auch einer jungen Hexe kribbelt es am Rücken, ein Zauberlehrling rubbelt den Juckreiz weg.

Plötzlich herrscht helle Aufregung in der Sippe. Ein Tier ist verloren gegangen. Ist es von einem Löwen gerissen worden? Für die Zebras beginnt eine tagelange Suche. Ihr bemerkt nun, dass auch aus eurer Gruppe jemand fehlt. Wo ist die junge Hexe geblieben? Genau wie die Zebras sucht ihr das verloren gegangene Gruppenmitglied. Im Schatten eines Baumes rastet die junge Hexe. **Ihr verwischt nun gemeinsam den Buchstaben „Z“.**

Strahlend nahm die Oberhexe die jungen Hexen und Zauberlehrlinge in den Arm:
„Es ist vollbracht,
das habt ihr gut gemacht.
Nichts kann die Zauberkraft mehr stören,
der Zauberstab wird von nun an
auf euch hören.“

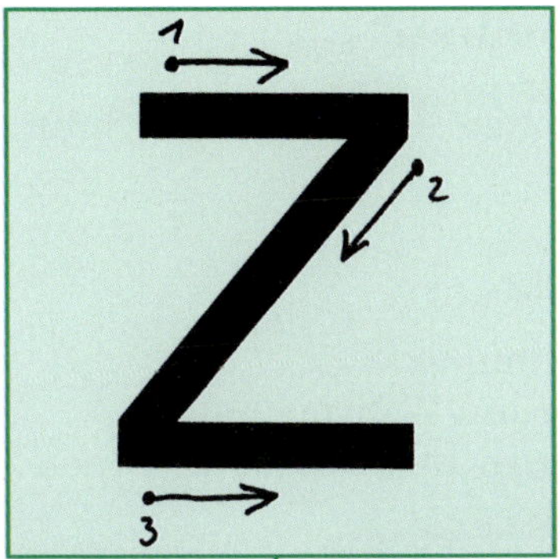

**„Erkennungszeichen“**

*Verschiedenen Tierabbildungen den entsprechenden Anlaut zuordnen*

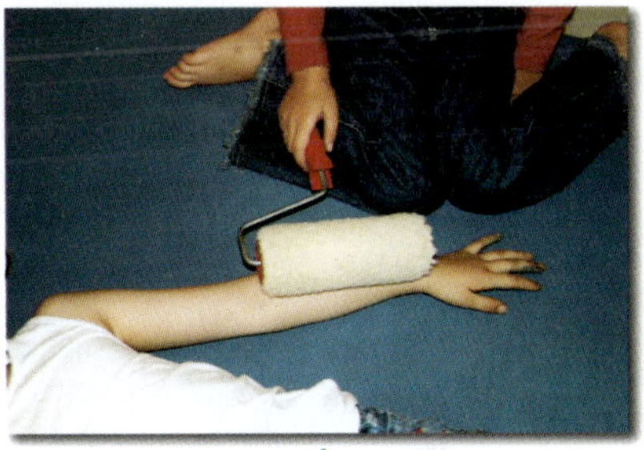

**„Körperpflege“**

*Körperteile benennen und mit einer Malerrolle massieren*

**„Wisch und Weg“**

*Die Tafel mit vielen „Z“ Buchstaben in unterschiedlichen Farben beschreiben und mit einem Schwamm weg wischen oder durchstreichen*

## „Erkennungszeichen"

... Die Zebras erkennen die Mitglieder ihrer Sippe an der Streifenzeichnung ...

### Förderschwerpunkt

- ✔ Visuelle Wahrnehmung
- ✔ Visuelle Figur-Grund-Wahrnehmung
- ✔ Abbildung erkennen und Anlaut zuordnen
- ✔ Wortschatzerweiterung
- ✔ Feinmotorik / Pinzettengriff
- ✔ Lateralität / Präferenzdominanz / Bilateralintegration

### Aufgabenbeschreibung / Didaktische Umsetzung

An ein Seil werden Abbildungen verschiedener Tiere mit Wäscheklammern aufgehängt. Die Kinder erhalten Holzwäscheklammern mit Anlautbeschriftung. Diese versuchen sie dem entsprechenden Tierbild zu zuordnen.

### Material

- Tierabbildungen, Seil, Holzwäscheklammern

## „Körperpflege"

... Dann gehen sie ihrer Fellpflege nach. Zwei Zebras stehen parallel zueinander. Sie bearbeiten die Körperteile, die ein Zebra nicht selbst erreichen kann ...

### Förderschwerpunkt

- ✔ Taktil-Kinästhetische Wahrnehmung
- ✔ Körperschema
- ✔ Körperorientierung
- ✔ Merkfähigkeit
- ✔ Sozialerfahrung
- ✔ Entspannung

### Aufgabenbeschreibung / Didaktische Umsetzung

Partnerübung: Kind A liegt in Bauch- oder Rückenlage und benennt Kind B bestimmte Körperteile. Dieser massiert mit einer Malerrolle die genannten Stellen.

**Variation:** Ca. 5 Körperstellen werden benannt. Kind B merkt sie sich und massiert diese nacheinander.

### Material

- Malerrollen, Igelbälle, Tennisbälle etc.

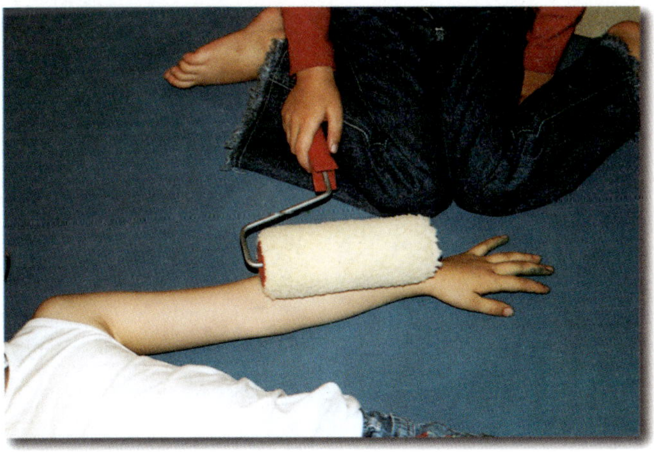

## „Wisch und Weg“

... Ihr verwischt nun gemeinsam den Buchstaben „Z“ ...

### Förderschwerpunkt

- ✔ Visuelle Wahrnehmung
- ✔ Visuelle Figur-Grund-Wahrnehmung
- ✔ Visuelles Gedächtnis
- ✔ Auge-Hand-Koordination
- ✔ Lateralität / Präferenzdominanz

### Aufgabenbeschreibung / Didaktische Umsetzung

Die Kinder dürfen ganz viele bunte „Z“-Buchstaben an die Tafel schreiben. Jedes Kind merkt sich seine geschriebenen Buchstaben. Sobald die Tafel voll geschrieben ist, dürfen die Kinder nacheinander nur ihre eigenen geschriebenen Buchstaben weg wischen.

**Variation:** Wie oben; die Buchstaben werden mit Wachsmalkreide, Filzstift oder Wasserfarbe auf ein großes Stück Tapete geschrieben. Dann dürfen die Kinder nacheinander mit einem Stift ihre geschriebenen Buchstaben durchstreichen.

### Material

- Tafel, Kreide, Schwamm
- Tapetenrolle, Wachsmalkreide, Filzstift, Wasserfarben

# Literatur

**Ayres, J.** (2002): Bausteine der kindlichen Entwicklung. Berli

**Barth, K.** (1997): Lernschwächen früh erkennen im Vorschul- schulalter: München-Basel: Reinhardt

**Beudels, W./Lensing-Conrady, R./Beins, H. J.** (2000): ...das ist ein Kinderspiel. Handbuch zur psychomotorischen Praxis. Do verlag modernes lernen

**Eigener, W.** (1977): Enzyklopädie der Tiere. 2. verbesserte Auflage. B und 2. München: Westermann

**Köckenberger, H.** (2002): Bewegtes Lernen. Lesen, schreiben, rechnen nen mit dem ganzen Körper – „Die Chefstunde". Dortmund: verla modernes lernen

**Meyer, R.** (2002): Tierisch gut – Tiere als Spiegel der Seele: Die Symbolsprache der Tiere. Eugerda: Arun

**Nienkerke-Springer, A./Beudels, W.** (2001): Komm, wie spielen Sprache. Handbuch zur psychomotorischen Förderung von Sprache und Stimme. Dortmund: verlag modernes lernen

**Quante, S.** (2003): Was Kindern gut tut! Handbuch der erlebnisorientierten Entspannung. Dortmund: verlag modernes lernen

**Roth, G.** (2001): Fühlen, Denken, Handeln. Wie das Gehirn unser Verhalten steuert. Frankfurt: Suhrkamp

**Schönrade, S.** (2001): Kinderräume-KinderTräume – ... oder wie Raumgestaltung im Kindergarten sinn-voll ist. Dortmund: verlag modernes lernen

**Schönrade, S./Pütz, G.** (2004): Die Abenteuer der kleinen Hexe. Bewegung und Wahrnehmung beobachten, verstehen, beurteilen, fördern. Ein förderdiagnostisches Beobachtungsverfahren für 4-8-jährige Kinder. Dortmund: verlag modernes lernen

**Spitzer, M.** (2002): Lernen. Gehirnforschung und die Schule des Lebens. Heidelberg: Spektrum

**Zimmer, R.** (2001): Handbuch der Sinneswahrnehmung. Grundlagen einer ganzheitlichen Erziehung. Freiburg: Herder

## Herstellernachweis:

Varussell Technik und Bewegung GmbH
Stieldorfer Str. 1, 53229 Bonn
Tel.: 02 28 / 48 16 78

# Danksagung

Vielen Dank möchten wir allen Kindern, Kolleginnen, Kollegen, Freundinnen und Freunden sagen, die bei der Entstehung des Buches mitgeholfen haben. Sie standen uns mit Rat und Tat zur Seite, gaben uns hilfreiche Tipps aus ihrer Praxis und unterstützten uns bei den zahlreichen Fotos.

Ein besonderer Dank gilt der Eugen-Langen-Schule in Wuppertal, dem Jugendcolloquium „Juco“ und der Kindertagesstätte „Wolke 7“ in Bonn.

# Fortbildungsinteresse zu diesem Thema für kollegiuminterne Veranstaltungen in Grund- und Sonderschule

## P . I . T.

**Pädagogik**
**Integration**
**Therapie**

Silke Schönrade
Berghauser Str. 8
D-50737 Köln
Telefon: 02 21 / 35 59 566

e-mail: pit-schoenrade@netcologne.de
www.pit-schoenrade.de

**Raum für Notizen:**

Novitäten 10

# Wir bringen Lernen in Bewegung® ...

Helga Sinnhuber

## Spielmaterial zur Entwicklungsförderung

– von der Geburt bis zur Schulreife
◆ 6., völlig überarbeitete und erweiterte Aufl. Jan. 2005, 184 S., Format 16x23cm, Ringbindung, ISBN 3-8080-0579-3, Bestell-Nr. 1112, € 19,50

Barbara Cárdenas

## Pfiffigundes Sprachwelt

Erst-, Zweit- und Schriftspracherwerb vorbereiten, beobachten und fördern
◆ Sept. 2005, ca. 180 S., Format 16x23cm, fester Einband, ISBN 3-938187-00-X, Bestell-Nr. 9350, € 21,50

Rainer Wassong / Anja Laufer

## Von Morgenrot bis Abendbrot

Spielideen für den Alltag mit Kindern von früh bis spät
◆ 2004, 140 S., Format 16x23cm, Ringbindung, ISBN 3-8080-0558-0, Bestell-Nr. 1058, € 15,30

## Übungsreihen für Geistigbehinderte

Carin de Vries

### Mathematik an der Schule für Geistigbehinderte

Grundlagen und Übungsvorschläge für Diagnostik und Förderung
Übungsreihen für Geistigbehinderte • Lehrgang A
◆ ca. Dez. 2005, ca. 120 S., Format 16x23cm, br, ISBN 3-8080-0583-1, Bestell-Nr. 3619, € 15,30

Dana Marschner

### Mädchen stark machen

Ideen, Anregungen und Möglichkeiten zur Selbstbehauptung
Übungsreihen für Geistigbehinderte • Lehrgang D2
◆ April 2005, 56 S., Format 16x23cm, br, ISBN 3-8080-0584-X, Bestell-Nr. 3640, € 10,20

Annemarie Joost / Birgitta Keuter

### Freiarbeit leicht gemacht

Abwechslungsreiche Materialien für die Vor- und Unterstufe – vielseitig einsetzbar – leicht herzustellen
Übungsreihen für Geistigbehinderte • Lehrgang H6
◆ Feb. 2005, 88 S., Format 16x23cm, br, ISBN 3-8080-0582-3, Bestell-Nr. 3618, € 11,80

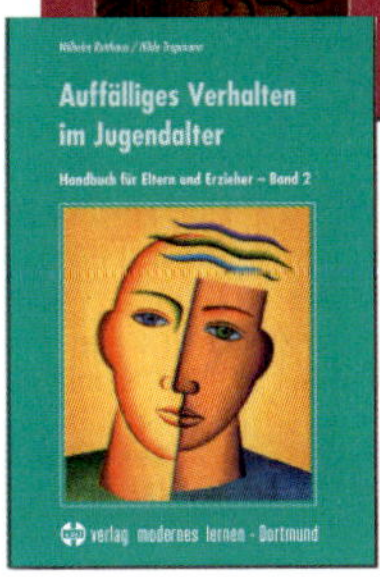


Fredrik Vahle

## Liegen lassen

Einladung zu einer naheliegenden Entdeckung
◆ 2004, 184 S., Format DIN A5 quer, fester Einband, ISBN 3-86145-274-X, Bestell-Nr. 8337, € 19,50

## Audio-CD: Liegen lassen

Musik: Jean Kleeb
◆ 2004, 66 Min., im Schuber, ISBN 3-86145-279-0, Bestell-Nr. 9202, € 15,30

Martin Vetter / Ulrich Kuhnen / Rudolf Lensing-Conrady

## RisKids

Wie Psychomotorik hilft, Risiken zu meistern
◆ Mai 2005, ca. 250 S., farbige Abb., Format 16x23cm, fester Einband ISBN 3-86145-278-2, Bestell-Nr. 8340, € 22,50

Elke Wieland / Wolfgang Keßler

## Plastisches Gestalten in der Kunsttherapie

Ton, Gips, Holz, Stein
Techniken, Methoden, Einsatzmöglichkeiten
◆ April 2005, ca. 250 S., Format 16x23cm, fester Einband, ISBN 3-8080-0564-5, Bestell-Nr. 1213, € 25,50

Alexander Trost / Wolfgang Schwarzer (Hrsg.)

## Psychiatrie, Psychosomatik und Psychotherapie

für psycho-soziale und pädagogische Berufe
◆ 3., vollständig überarb. und erweiterte Aufl. Jan. 2005, 544 S., Format 16x23cm, fester Einband, ISBN 3-86145-264-2, Bestell-Nr. 8205, € 22,50 bis 31.12.04, danach € 25,50

Hilde Trapmann / Wilhelm Rotthaus

## Auffälliges Verhalten im Kindesalter

Handbuch für Eltern und Erzieher • Band 1
◆ 11., unveränd. Aufl. 2004, 352 S., Format 16x23cm, fester Einband, ISBN 3-8080-0572-6, Bestell-Nr. 1101, € 17,50

Wilhelm Rotthaus / Hilde Trapmann

## Auffälliges Verhalten im Jugendalter

Handbuch für Eltern und Erzieher • Band 2
◆ 2004, 360 S., Format 16x23cm, fester Einband, ISBN 3-8080-0489-4, Bestell-Nr. 1151, € 17,50

10/04 / 16.11.04

verlag modernes lernen borgmann publishing
Hohe Straße 39 • D-44139 Dortmund • Tel. (0231) 12 80 08 • FAX (0231) 12 56 40
Unsere Bücher im Internet: www.verlag-modernes-lernen.de

# Wir bringen Lernen in Bewegung® ...

*Hans Jürgen Beins / Simone Cox*

## „Die spielen ja nur!?"

**Psychomotorik in der Kindergartenpraxis**

◆ 2. Aufl. 2002, 320 S., viele Farbfotos, Format 16x23cm, fester Einband
ISBN 3-86145-213-8
**Bestell-Nr. 8400, sFr 35,90, € 20,40**

**Das Video zum Buch:**
**ISBN 3-86145-214-6**
**Bestell-Nr. 9304, sFr 51,30, € 29,80**

*Silke Schönrade / Hans Jürgen Beins / Rudolf Lensing-Conrady (Hrsg.)*

## Kindheit ans Netz?

**Was Psychomotorik in einer Informationsgesellschaft leisten kann**

◆ 2002, 280 S., Format 16x23cm, fester Einband
ISBN 3-86145-219-7
**Bestell-Nr. 8314, sFr 37,85, € 21,50**

*Rudolf Lensing-Conrady*

## Von der Heilsamkeit des Schwindels ...

**Gleichgewichtswahrnehmungen als Motor für Entwicklung und Lernen**

◆ 2001, 264 S., farbige Abb., Format 16x23cm, fester Einband
ISBN 3-86145-216-2
**Bestell-Nr. 8405, sFr 39,60, € 22,50**

*Silke Schönrade*

## Kinderräume – KinderTräume

**... oder wie Raumgestaltung im Kindergarten sinn-voll ist**

◆ 2001, 200 S., farbige Abb., Format 17x24cm, fester Einband
ISBN 3-86145-181-6
**Bestell-Nr. 8303, sFr 39,60, € 22,50**

*Wolfgang Beudels / Rudolf Lensing-Conrady / Hans Jürgen Beins*

## ... das ist für mich ein Kinderspiel

**Handbuch zur psychomotorischen Praxis**

◆ 9., unveränd. Aufl. 2003, 336 S., über 200 Fotos, Format 16x23cm, fester Einband
ISBN 3-86145-221-9
**Bestell-Nr. 8523, sFr 39,60, € 22,50**

*Silke Schönrade / Günter Pütz*

## Die Abenteuer der kleinen Hexe

**Bewegung und Wahrnehmung beobachten, beurteilen, fördern**

◆ 4., verb. Aufl. 2004, 208 S., farbige Fotos, Format 16x23cm, fester Einband
ISBN 3-86145-281-2
**Bestell-Nr. 8391, sFr 35,90, € 20,40**

**Portofreie Lieferung mit Rechnung auch durch unsere Versandbuchabteilung!**
**Kostenlosen großen Farbkatalog anfordern bei:**

borgmann publishing
Hohe Str. 39 • D-44139 Dortmund
Tel.: (0231) 12 80 08 • FAX: (0231) 12 56 40